LEIPZIGS LANGES LEBEN

Reserviert
FEST-LOSE
sind hier
zu
haben!
LEIPZIG
RUFT
Wieder dabeisein!

Leipzigs langes Leben

HANS LUDWIG · BERND WEINKAUF

VEB F. A. Brockhaus Verlag Leipzig

Edles Leipzig, diese Blätter sollen dir gewidmet seyn,
Du hast mir vor langen Jahren ein vergnügtes Leben geben,
Drum so soll auch dieses Buch deinen Flor und langes Leben
Zum pflicht-schuldigsten Andencken bey der Nachwelt graben ein.

Johann Jacob Vogel: Leipzigisches Geschicht-Buch Oder Annales. Leipzig 1714

Bildnachweis: V. Boden 10; Eckstein 3; Fotozirkel MS Leipzig 1; Th. Frank 1; Gööck 4; Heyde 2; Krabbes 1; Archiv E. Kundisch 4; Kunstmann Schutzumschlag vorn, 18; Lachmann Schutzumschlag hinten, 20; Mai 4; H. Morgenstern 1; S. G. Müller 2; Museum f. Gesch. d. Stadt Leipzig 2; Nitzschke 5; Puschner 1; Raschke 4; Rössing-Winkler 24; S. Schmidt 48; Schönborn 3; B. Stroff 1; H. Todtenberg 4; H. Wagner 3; Wallmüller 1; M. Wenzel 1; Weinkauf 1; Wieckhorst 2; Willmann 3.

Leipzigs Stadtarchiv, der Stadt- und Bezirksbibliothek und dem Museum f. Geschichte d. Stadt Leipzig danken wir sehr für Behilflichkeiten und dem Staatsarchiv Leipzig für die Veröffentlichungsgenehmigung der Mai Karten.

ISBN 3-325-00268-4

3. Auflage

Lizenz-Nr. 455/150/17/90 · LSV 5219
Lektor: Ernst Guse
Buchgestaltung: Horst Adler
Printed in GDR
Gesamtherstellung: INTERDRUCK
Graphischer Großbetrieb Leipzig,
Betrieb der ausgezeichneten Qualitätsarbeit, III/18/97
Redaktionsschluß: April 1983/April 1989
Bestell-Nr. 586 280 0
02800

Inhalt

Vor=Sichten

Vorhergehende Seiten: Schinkels Laterne und Leipzigs Neuer Rathausturm; Bürgertränke am Sachsenplatz

Konkurrenz für Kaffee-Sachsen

Der Naschmarkt, wo man's wirklich darf

MITTAGSTISCH
Mittagstisch
von

Thüringer Hof
19
21
23

Vorm „Thüringer Hof“ und im „Kaffeebaum“

Folgende Seiten: Sommerblüten am Markt und Wasserblumen am Sachsenplatz

Um 1920 gab es in Leipzig
129 Hotels und Gasthöfe mit Übernachtung
17 Hotels garnis (Pensionen)
1191 Schankwirtschaften mit Vollkonzession
71 Schankwirtschaften mit beschränkter Konzession
65 Weinstuben
141 alkoholfreie Schankstätten

Mein Leipzig
HOTEL MERKUR

Schau-Plätze und Seh-Leute

Leipziger Leid

Das ist schon eine merkwürdige Geschichte, die Geschichte einer Stadt: ... die Chronik des Bischofs ... das Siegel des Königs ... das Privileg des Kaisers ... die Belagerung durch den Kurfürsten ... das Schreiben des Rates ... das Haus des Bürgermeisters ... der Sieg der Verbündeten ... der Aufschwung des Kapitalismus ... die sozialistische Umgestaltung ... die pulsierende Messestadt ... Über 800 Jahre Geschichte, das sind rund 300 000 Tage, und jeder Tag macht seine Geschichten. Und zu allen Zeiten haben Leute gelebt, die Leipzigs Geschichte als ihre Gegenwart erlebt haben. Der „kleine Mann", der die „große Geschichte" am eigenen Leibe verspürt hat, war kein Chronist, kein Tagebuchschreiber, selten genug ein Briefeschreiber. Aber oftmals ein Erzähler. Es ist erstaunlich, wie langlebig Erzähltes sein kann. Eine der ältesten Geschichten, die über Leipzig erzählt werden, reicht zurück bis in jene Zeit, in der es noch feuerspeiende Drachen, weise Könige, zauberhafte Prinzessinnen und tapfere Ritter gab. Beim Erzählen geraten die Zeiten unter der Zunge durcheinander, Geschichten verbinden sich mit Gegenständen, die als Beweise vorzeigbar sind. Vom Kampf des Drachentöters St. Georg blieb nicht das drachenblutgetränkte Schwert erhalten, nicht einmal dessen gewiß smaragdgeschmückter Knauf, kein spitzig-scharfer Drachenzahn oder gar die Höhle, in der das Untier gehaust hat. Weniger blieb, viel weniger und gar nichts Sensationelles: ein Hufeisen. Und das kam so:

Friedlicher Alter Johannisfriedhof

Vor langer, langer Zeit und sieben Jahren gab es in den fruchtbaren Ebenen am Ufer der fischreichen Elster ein Königreich, das von einem weisen Herrscher regiert wurde. Saat und Ernte, Fischfang und Jagd waren klug und gerecht geregelt, und jedermann war zufrieden. Da aber kam ein großes Unglück über das Land, denn ein feuerspeiender Drache drohte, die Felder und die Hütten zu verbrennen, die Fischer und die Bauern zu töten, wenn man ihm nicht Tribut zolle. So wurde ihm jeweils zu Neumond, wenn die Nacht am schwärzesten ist, eine Jungfrau geopfert. Viele hatten schon diesen Weg ins Verderben angetreten, bis eines Tages auch die Reihe an die einzige Tochter des Königs, die zauberhafte Prinzessin, kam. Überall im Lande herrschte tiefe Trauer und der Palast war gänzlich mit schwarzen Tüchern verhängt. Da begab es sich, daß gerade am Tage vor Neumond der Ritter Georg ins Land kam und von der Ursache der Trauer erfuhr. Doch auch der König erfuhr von der Ankunft des Ritters und bat ihn zu sich. Der alte Mann fiel vor dem Jüngling auf die Knie und versprach, ihm jeden Wunsch erfüllen zu wollen, wenn er das Land vom Drachen befreien und seine

Tochter retten würde. Der edle Georg ließ sich nicht zweimal bitten, ergriff sein Schwert, schwang sich in den Sattel und sprengte davon, den Drachen zu besiegen. Der Kampf tobte den ganzen Tag und die halbe Nacht, bis das Untier in die Flucht geschlagen war. Georg wollte nachsetzen, um es zu töten. Gerade in diesem Moment verlor sein Pferd ein Eisen und begann zu lahmen. Der fliehende Drache gewahrte diese Schwäche und griff erneut wütend an. Da sprang der tapfere Ritter vom Pferd und stellte sich dem Ungeheuer in den Weg. Dieses glaubte nun in seiner Dummheit, gepaart mit Kraft und Wut, den Kampf schon gewonnen und erhob sich triumphierend über den kleinen Menschen. Georgs Schwert traf mitten in das Drachenherz. In Windeseile verbreitete sich die frohe Botschaft vom wiedererlangten Frieden, und als der Ritter, sein Pferd am Zügel führend, in die Stadt zurückkam, wurde er von jedermann bejubelt. Mit Tränen der Freude in den Augen trat ihm der alte König entgegen, dankte ihm und begehrte, seinen Wunsch zu hören. Der edle Ritter Georg, müde und abgekämpft wie er war, bat, sein Pferd frisch zu beschlagen. Kaum daß der Hufschmied den letzten Schlag getan hatte, ritt Georg davon und wurde nie wieder gesehen. Der König, die Prinzessin und alle Einwohner waren von der Tapferkeit und der Bescheidenheit des Ritters tief beeindruckt. Damit sie ihren Kindern und Kindeskindern diese unglaubliche Geschichte glaubhaft würden erzählen können, suchten die Leute tags darauf das verlorengegangene Hufeisen, fanden es und nagelten es an die Ratslinde zum handgreiflichen Zeichen der Wahrheit ihrer künftigen Worte.

Die Linde gibt es längst nicht mehr, aber das Hufeisen ist uns geblieben, die unscheinbare Nebensache einer sagenhaften Tat. Eingesponnen von Sage und Spinnweb, hinter Holunder und einem Gitter verborgen, hängt es an der Nikolaikirche und galt jahrhundertelang als ein Wahrzeichen Leipzigs. Woran mag es liegen, daß es heute so unbekannt ist? Ob Kampfbereitschaft, die nicht lohngerichtet ist, nicht mehr vorbildlich genug ist? Oder genügt es vielmehr, des ritterlichen Edelmutes im Namen von Leipzigs größtem Krankenhaus zu gedenken: Sankt Georg. Oder haben Elternlehrer und Lehrereltern ganz einfach einmal vergessen, den Kindeskindern die Geschichte weiterzuerzählen?

Seit Urzeiten hatte sich also gezeigt, daß keine Gegend so viele Vorzüge für das Abhalten von Schlachten aufzuweisen habe wie Leipzig. Im 21. Band des „Conversationslexikon für alle Stände", verlegt in Schlossers Buch- und Kunsthandlung, Augsburg 1829, wird die *Stadt* Leipzig mit nur einer Seite erwähnt, während für die Darstellung der *Schlachten* um Leipzig elf Seiten benötigt werden:

Schon die große weite Fläche, die nur sanft wellenförmig durch kaum merkbare Höhenzüge, einiges Gehölz, ein paar kleine Flüsse und mehrere Dörfer durchschnitten wird, begünstigt eine freie Entwicklung der Streitkräfte, wichtiger noch ist die Lage Leipzigs und die Stadt selbst in politisch strategischer Hinsicht.

Doch nicht vom Krieg allein war der Himmel grau verhangen und rot geflammt. Wenn im Lande die Scheiterhaufen zum Himmel schrieen, dachten die Leute zumeist an Leipzig. Der hiesige Schöppenstuhl war spezialisiert auf das Erkennen von Hexerei. Der oberste Hexenverfolger, Benedikt Carpzow, amtierte in Leipzig von 1620 mit Unterbrechungen bis 1666. Im Januar 1937 fragte ein Leipziger bei der Redaktion der „Leipziger Tageszeitung" an:

Warum noch Carpzowstraße?

Wenn man ... lesen muß, daß der berühmte Rechtsgelehrte Benedikt Carpzow in Leipzig in seinem Leben 20 000 Todesurteile in Hexenprozessen unterschrieben hat, so gibt es nur eins: ... diesen Volksschädling so gründlich wie nur irgendmöglich der Vergessenheit anheimfallen zu lassen. Zwanzigtausend Menschen hat dieses Ungeheuer ... umbringen lassen auf Weisung überstaatlicher Mächte, die mit den Hexenprozessen versuchten, die Trägerinnen deutschen Blutes zu vernichten, um in Deutschland die Jesuitenherrschaft aufzurichten.

H. J.

Die Antwort auf diese Frage gibt ein Nazi-Bürgermeister 14 Tage später:

Carpzow gehört zu den namhaftesten deutschen Rechtsgelehrten. Über seine große Bedeutung für seine Zeit und darüber hinaus kann nicht der geringste Zweifel bestehen. Für die Behauptung, daß Carpzow durch seine Gutachten für 20000 Hexenverbrennungen verantwortlich zu machen sei, fehlt es an jeder einwandfreien Unterlage. Der ... Biograph Carpzows, Philipp Andreas Oldenburger, teilt ... auf Grund von Gesprächen und glaubwürdigen Freundesbriefen lediglich mit, daß Carpzow an die 20000 Verbrecher durch seine Urteile und Responsen zur Hinrichtung gebracht hätte. Von Hexen ist mit keinem Wort die Rede. ... Die Gesamtzahl von 20000 Todesstrafen wird auch von der Wissenschaft für wahrscheinlich gehalten. Die Ausmerzung so vieler Krimineller ist Carpzow gerade von seinen Zeitgenossen angerechnet worden und entspricht auch im übrigen unter Berücksichtigung der damaligen Zeit einem gesunden Rechtsempfinden. Es besteht daher kein Anlaß, den Namen eines so guten deutschen Rechtsgelehrten ... verschwinden zu lassen.

Haake

Genauso mußte sie ausfallen, die Antwort, die der örtliche Repräsentant eines Regimes gibt, das das Wort „Endlösung" erfand und in den Gaskammern eines einzigen Vernichtungslagers 20000 Menschen an *jedem Tag* ermordete. Heute trägt diese Straße den Namen des Arbeiters Walter Heise, der am 8. Februar 1945 im Konzentrationslager ermordet worden ist. Ein Name als Erinnerung an eine Epoche. Einer von jenen Namen, bei denen man einst fragen wird: Wer war das eigentlich?

Wer war Dorchen Veid?

Die klirrenden Strophen des Schwertgesanges und die Donnerchoräle der Kartaunen übertönten Dorchens Lied. Was blieb im Gedächtnis der Leute? Nicht die Schlachtordnung, nicht die Namen der Feldherren, nicht die Ursache des Streites, nicht einmal das Wissen um den Sieger. Es blieben: ein Bild, ein Wort und die Geschichte von Dorchens Leid. Einer der Kriege wird genannt: der Schmalkaldische. In seinem Verlaufe kämpfte ein sächsischer Kurfürst gegen einen sächsischen Herzog, und Leipzig war zum Ort der Schlacht erwählt. Geblieben ist uns davon die „Warhafftige abconterfeyung der Stadt Leipzig, wie die nach abbrechung der Vorstede von Hertzog Hans Friedrich zu Sachssen belegert und beschossen ist worden. Nach der geburt Christi 1547, im monat Januario". Die älteste Ansicht der Stadt Leipzig. Schon etwa 400 Jahre war die Stadt zu jener Zeit alt, aber für eine „abconterfeyung" war sie offenbar nicht attraktiv genug gewesen. Erst ein Kriegs-make-up war nötig, sie recht „in Szene" setzen zu können. Oder aber war den Leuten möglicherweise merkwürdig genug, daß die große Armee die kleine Stadt 21 Tage lang belagern mußte? Den Grund dafür benannten die Leipziger mit dem lakonischen Satz: Leipzig liegt vor Leipzig. Viele der Kriegsobersten des angreifenden Kurfürsten stammten nämlich aus Leipzig und hatten Familie und Besitz in der Stadt. Des einen Erwerb, ist des anderen Verderb; ihres Fürsten Sieg hätte ihnen mehr geschadet als genutzt. Die Leute hatten die Taktik durchschaut und sich einen Vers darauf gemacht:

Leipzig liegt außen und Leipzig liegt drinnen,
D'rum kann Leipzig Leipzig nicht gewinnen.
Daß Leipzig auch für Leipzig lag,
Das macht, daß Leipzig bleibet nach;
Wär Leipzig nicht vor Leipzig kommen,
So wär Leipzig wohl bald gewonnen.

Wie die Kriegsobersten auch spekulierten, jeder Kriegstag war ein Leidenstag mehr. Und davon erzählte man noch lange nach dem Krieg:

Der 3. August 1540 hatte Leipzig eines jener schweren Gewitter gebracht, die der Volksmund gern Jahrhundertunwetter nennt. Dennoch war der Böttchermeister Anton Veid erfreut über den dringend benötigten Regen. Tochter Dorchen allerdings verging fast vor Angst. Sie lag auf den Knien und wußte vor Schreck nichts anderes als zu beten: Liebet eure

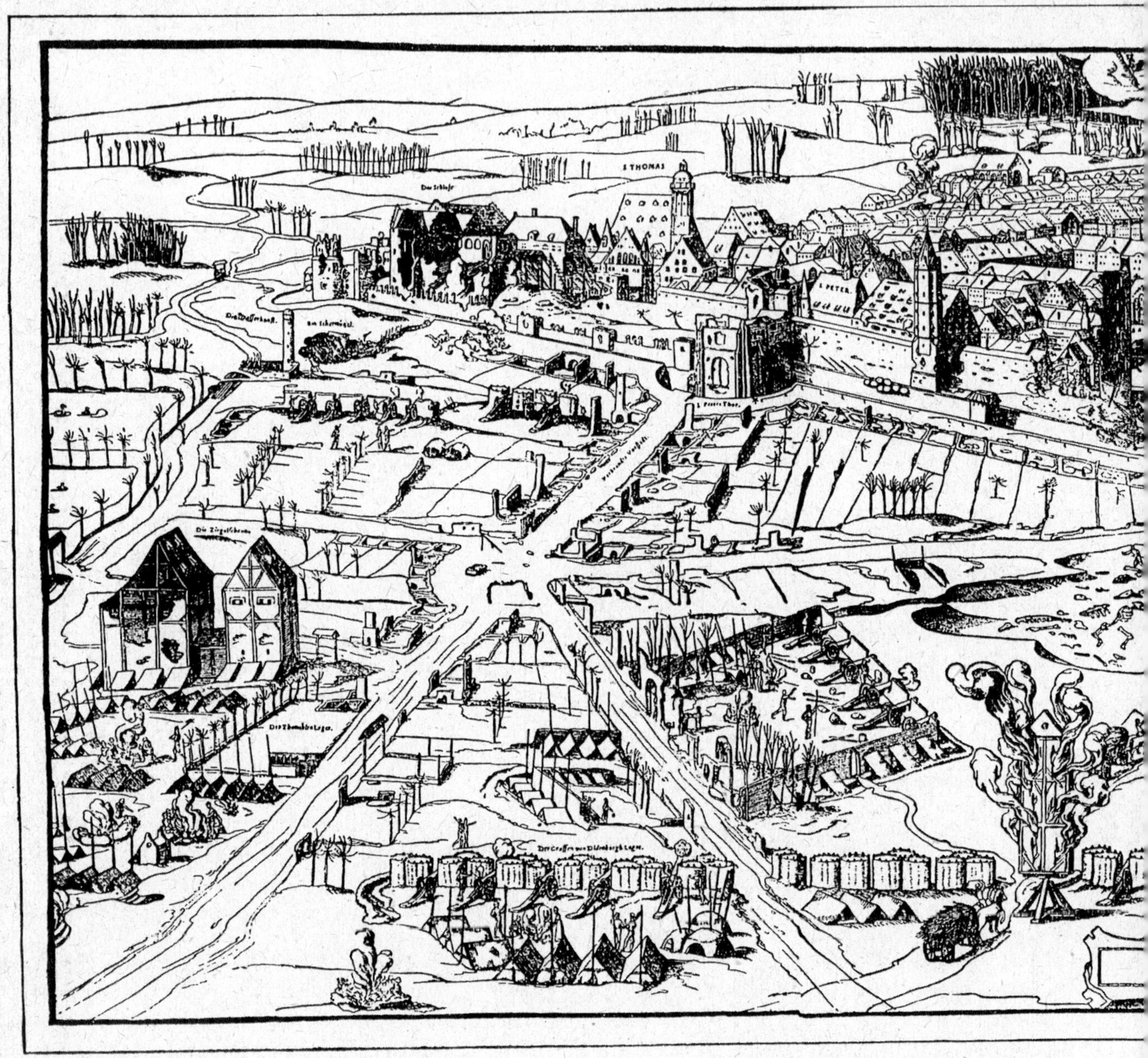

Warhafftige abkonterfeyung der Stadt Leipzig, wie die nach abbrechung der Vorstede von Hertzog Hans Friedrich zu Sachssen belegert vnd beschossen ist worden. Nach der geburt Christi 1547, im monat Januario.

Feinde! Das machte den Vater nachdenklich und erinnerte ihn daran, daß er seit Jahren, einer Nichtigkeit wegen, mit seinem Nachbarn in Zank und Zorn lebte. Als das Unwetter vorüber war, raffte sich der Meister auf und ging hin zu seinem Nachbarn. Er traf ihn, auf dem Sterbebett liegend. Die Männer reichten

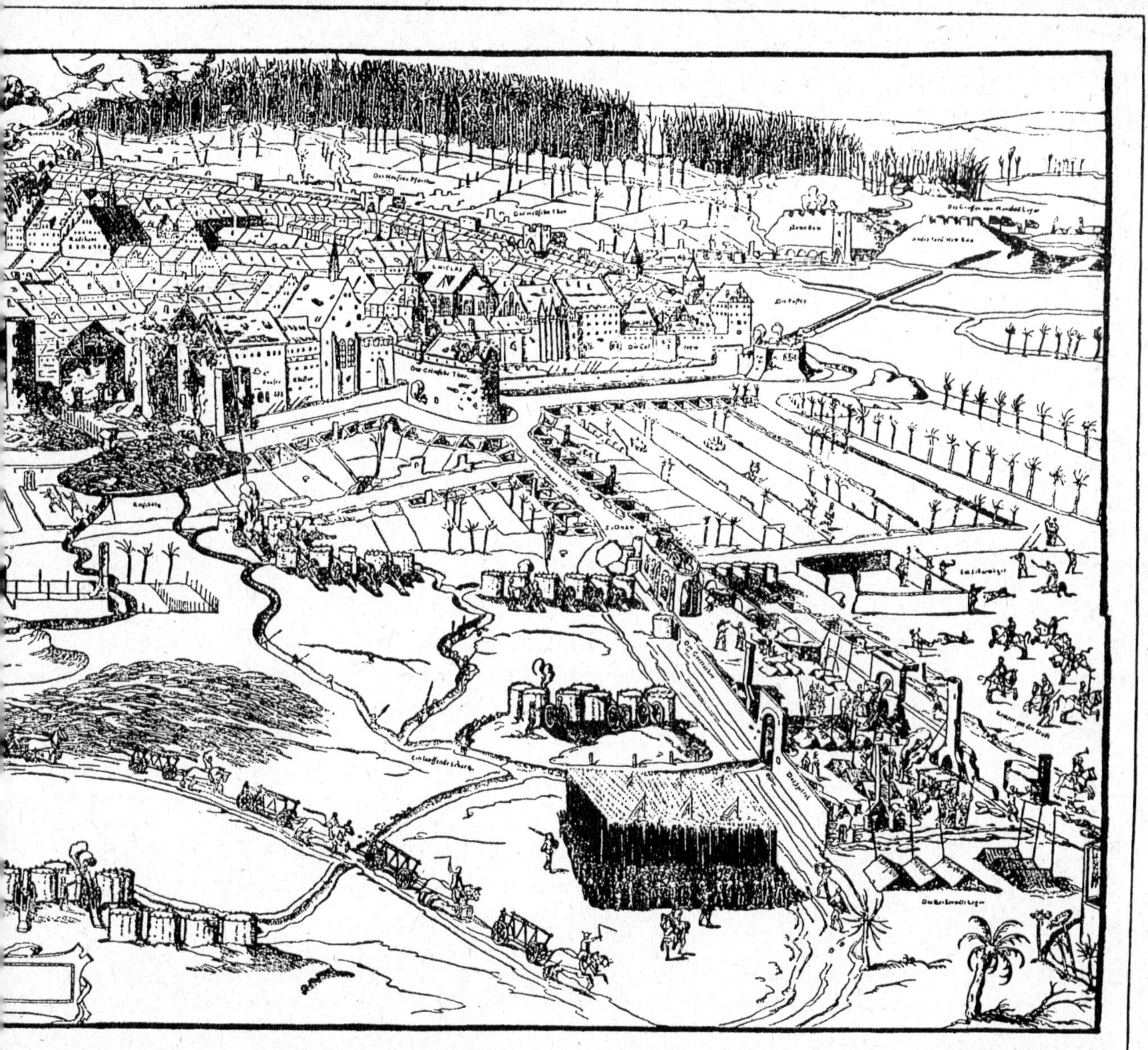

einander die Hand zur Versöhnung, und Veid versprach, sich fürderhin des Nachbarssohnes anzunehmen. So kam der junge Mann in des Böttchers Haus, erlernte von ihm das Handwerk und verliebte sich in seine Tochter. Dem Vater gefiel das wohl, und er war einverstanden, daß die beiden zu gegebener Zeit heiraten und der Junge eines Tages die Werkstatt übernehmen würde.

Nun geschah es aber, daß Anton Veid einen neuen Gesellen einstellen mußte, der lange Zeit Soldat im kaiserlichen Heer gewesen und dort gänzlich verwildert war. Schon bald warf er ein Auge auf Tochter und Besitz des Meisters. Am 6. Januar 1547 begann die Belagerung Leipzigs, und alle jungen Männer in der Stadt wurden zur Verteidigung herangezogen. Da fühlte sich der wilde Geselle wieder so recht in seinem Element, und ein finsterer Plan braute sich in seinem Kopf zusammen. Während einer Kanonade am 14. Januar erschoß er hinterrücks seinen Nebenbuhler. Darauf rannte er ins Haus des Meisters, um Dorchen die Nachricht zu überbringen, daß ihr Geliebter gefallen sei und er selbst an dessen Stelle treten wolle.

In demselben Augenblick jedoch, da der Bräutigam ermordet wurde, war eine 48pfündige Kartaunenkugel in des Mädchens Stube eingeschlagen und hatte ihr den linken Arm abgerissen. Als der rohe Mordgeselle Dorchen in ihrem Blute liegen sah, packte ihn das kalte Grausen. Er verließ das Haus und kehrte nie zurück.

Dorchen wurde gerettet und geheilt, sie verlebte „in stiller Trauer und geräuschloser Frömmigkeit" noch einundfünfzig Jahre. Am 31. Januar oder 1. Februar 1599 ist sie gestorben. Die Kugel, die sie so unglücklich gemacht hatte, wurde in der Wand des Gottesackers über ihrem Grab eingemauert.

Mit dem „Gottesacker" ist der Alte Johannisfriedhof gemeint, aber die Kugel wird man dort vergeblich suchen. Zu oft wurde der Friedhof verwüstet. Bei der Belagerung Leipzigs durch schwedische Truppen, in den Jahren 1637 und 1644, wurden Grabmale und Grüfte vandalisch zerstört, Mauern niedergerissen und die Straße quer über die eingeebneten Gräber verlegt. Wenn man sich den Alten Johannisfriedhof heute ansieht, kann man sich unschwer vorstellen, daß es Zeiten gab, in denen er noch wüster ausgesehen hat.

Ein Schrecknis unvorstellbaren Ausmaßes ist für die Leipziger die Schlacht im Oktober 1813 gewesen. In Leipzig lebten zu jener Zeit schätzungsweise 30 000 Menschen, aber in der Stadt und davor lagen als Opfer der Schlacht 125 000 Leichen. Da war die Kraft des Totengräbers bei weitem überfordert. Seine Erinnerungen an die Schlacht sagen mehr über den Krieg als alle Siegesmeldungen der Zeitung:

Johann Daniel *Ahlemann* (Totengräber auf dem Johannisfriedhof von 1810 bis 1832)

Möchte der allerhöchste Weltregierer nie wollen, daß die Menschheit dergleichen Angst- und Schrekkensszenen wieder erlebe, als die guten Bewohner Leipzigs im Jahre 1813 sahen. Da ich als Totengräber auf dem Leipziger Gottesacker vieles erdulden mußte und Augenzeuge der Greuel der Verwüstung war, die hier stattfand, halte ich es für meine Pflicht, der Nachwelt eine treue Schilderung zu bewahren, so gut es mir durch Worte möglich ist.

Die Schönheit des St.-Johannis-Gottesackers war vor der Schlacht unvergleichlich, und wer die Grabhügel oder Grüfte der Verstorbenen besuchte, fand eine Beruhigung darin, daß diese in einem freundlichen Garten ruhten.

. . .

Am 18. Oktober wurden so viele Verwundete auf den Gottesacker gebracht, daß der ganze Platz und selbst meine Wohnung damit überfüllt waren. Vor und hinter meinem Haus brannten große Feuer, daß die Flammen an den Fenstern aufloderten und ich mit meiner Familie jeden Augenblick fürchtete, das Haus in Brand geraten zu sehen.

So schrecklich die Tage waren, um so fürchterlicher waren die Nächte, wo ich, ohne meinen Posten verlassen zu können, mit meiner Familie, von aller Hilfe entfernt, rings von zügellosen Soldaten umgeben war.

. . .

Endlich graute der Tag, und ich stand wiederum ohne geschlafen zu haben, was seit mehreren Nächten der Fall war, von meinem Strohlager auf; Betten hatten wir schon seit einigen Tagen nicht mehr gehabt. Gefühllos erwartete ich einen neuen Schrekkenstag, allein es blieb diesen Morgen ziemlich ruhig, und man hoffte schon, daß sich das Ungewitter etwas entfernt hätte, als plötzlich um 8 Uhr ganz in der Nähe der Stadt eine große Kanonade begann. Kurz vorher wurden alle Gefangenen von dem

Gottesacker entfernt, und an ihrer Statt marschierten in aller Geschwindigkeit Franzosen auf, welche Schießlöcher in die Gottesackermauer schlugen und dieselbe stark besetzten; etliche funfzig Mann drangen in meine Wohnung, vertrieben mich mit meiner Familie, schlugen die Fenster hinaus und postierten sich daran im ersten und zweiten Stock nach der Straße zu.

. . .

Der Kanonendonner wurde mäßiger und ließ endlich ganz nach. Schon schöpfte man etwas freier Atem, als plötzlich das Ungewitter heftiger als zuvor losbrach, jedoch nicht lange anhielt und die Kanonen bald ganz schwiegen; zuletzt hörte man nur noch das kleine Gewehrfeuer, welches sich mehr und mehr nach der Stadt hinzog. Darauf erfuhren wir, daß die Russen und Preußen die Tore im Sturm genommen hatten.

Da man nun die größte Gefahr überstanden zu haben glaubte und sich schüchtern umsah wie die Sachen ständen, wurde das Hospitaltor, welches in den Hof führte und stark verrammelt war, mit großer Gewalt aufgesprengt, und Russen und Preußen drangen herein, so daß bald der Hof und die Wohnungen überfüllt waren. Diese vom Gefecht ermatteten Streiter verlangten Erquickung; es wurden auch alle Lebensmittel, die noch vorhanden waren, gern und willig gereicht, allein bei dem schon mehr eingetretenen Mangel war es nicht möglich, alle diese Hungrigen zu befriedigen. Deshalb wurde von den Soldaten alles durchsucht und was ihnen gefiel, mitgenommen, selbst die alten Hospitaliten wurden nicht verschont, und bei dieser Plünderung ging es nicht ohne Mißhandlungen ab.

Auch das Vieh in dem Hospital blieb nicht verschont, es wurde mit fortgenommen; den Schweinen wurden gleich im Hofe erst die Beine und dann der Kopf abgehauen. Alles Getreide und Heu, von den Böden heruntergeworfen, lag auf dem Hofe umher, so daß man an manchen Stellen wohl eine Elle tief darin gehen mußte.

. . .

Als es am 19. Oktober abends etwas ruhiger wurde, sehnte ich mich mit meiner Familie nach unserer Wohnung zurück; die ich zwar gänzlich vernichtet glaubte. ... Schüchtern trat ich ein, da ich schon die Haustür zerschmettert fand; alle übrigen Türen hatten das gleiche Schicksal gehabt. Der Ruin des Hauses war groß, größer aber der meiner Habseligkeiten; alles, was ich im Hause zurückgelassen hatte, war zerstört, fast alle Fenster zerschlagen, die Dielen waren mit Blut und Unflat besudelt, die Decken und Wände von Kugeln zerlöchert und mehrere Kanonenkugeln durch die Wände gegangen, wovon noch eine in der Stube im ersten Stockwerk zum Andenken eingemauert ist.

. . .

Die zu Gefangenen gemachten Franzosen wurden jetzt auf den Gottesacker gebracht, welcher nun zum zweitenmal von denselben bevölkert wurde. Von den vorhergehenden Tagen lagen die Toten und Sterbenden noch auf dem Kirchhof, und man konnte kaum einige Schritte gehen, ohne auf einen dieser Unglücklichen zu stoßen. ... Noch schrecklicher aber wurde das Elend, da die Gefangenen, hier mehrere Tage eingesperrt, weder Essen noch Trinken bekamen, und diesen nur noch das Feuer, welches sie von dem Holze des Gottesackers unterhielten, zu ihrer Erquickung übrig blieb. Wie die Schatten schlichen sie langsam und entkräftet umher, während andere vor Verzweiflung und Hunger brüllten. Manche saßen auf den bereiften Grabhügeln und rupften das noch darauf befindliche grüne Gras, welches sie gierig aßen. Zwei tote Pferde, welche auf dem Gottesacker lagen, wurden nach und nach von ihnen verzehrt, eben so mehrere Hunde und Katzen; selbst Wasser konnten sie nicht einmal hinlänglich bekommen.

. . .

Durch die Schrecknisse der vorhergehenden Tage und die verpestete Luft starben viele Einwohner Leipzigs an ansteckenden Krankheiten. Die Sterblichkeit in den Monaten November und Dezember 1813 war so groß, daß ich oft nicht wußte, wie ich die Toten beerdigen sollte, und oft geschah es, daß die für den folgenden Tag mit aller Anstrengung gemachten Gräber schon von den Soldaten mit ihren Leichen belegt und zugemacht waren.

. . .

Ein Bürger namens Borges, der die Wache hatte, wollte in dem Schwibbogen Nr. 93 auf dem dritten Gottesacker ein allzugroßes Feuer, welches darin brannte, untersagen. Beim Eintreten wurde er aber von den Flammen geblendet und stürzte in die Gruft, an welchem Fall er bald darauf starb.

Erst vierzehn Tage nach der Schlacht wurde der Gottesacker von den Gefangenen geräumt und viele derselben, in bloße Gerippe verwandelt, in Wagen nach den Lazaretten geschafft, da sie nicht zu gehen vermochten.

Jetzt sah man erst die Verwüstung des vorher so schönen Gottesackers, der mit allen Arten zerbrochener Waffen, Patronentaschen, Hüten, Montierungen, Tornistern und allem, was der Soldat bei sich führt, sowie mit herbeigeschafften Gerätschaften bedeckt war, alles in Kot getreten, welcher einen abscheulichen Geruch verbreitete. In den Schwibbögen war das hölzerne Gevierte an den Senklöchern herausgerissen und verbrannt; in den Grüften lagen die Leichen, aus den Särgen geschüttet, mit grinsenden Schädeln umher, inmitten mancher hinabgestürzte Soldat, der da unten seinen Geist ausgehaucht hatte . . .

Der Sieg von Leipzig wurde überall in Europa gefeiert, sogar in Berlin interessierte man sich für dieses Ereignis.

In seinen Lebenserinnerungen beschreibt der Archäologe und Buchhändler Gustav Parthey, wie er sich als Fünfzehnjähriger über die Vorgänge in und um Leipzig informiert hat:

Erst am 20. Oktober gelangte die Nachricht von der siegreichen Schlacht nach Berlin. Am 21. hielt ein offizieller Kurier mit 28 blasenden Postillionen seinen Einzug. Er trug eine lederne Kuriertasche auf der Brust, durchschritt mehrere Straßen und verfügte sich, von dem unendlichen Jubel des Volkes begleitet, zuletzt nach der Kommandantur.

Während der folgenden Wintermonate suchten wir uns eine genauere Kenntnis von Einzelheiten des großen Völkerkampfes von Leipzig zu erwerben. Spezialkarten waren damals noch nicht so häufig und so weit verbreitet wie jetzt. Der Großvater Eichmann kaufte sich eine runde Schnupftabakdose, worauf ein sauber kolorierter und lackierter Plan der Schlacht zu sehen war. Diesen benutzten wir anfangs in Ermangelung anderer Hilfsmittel, so oft wir zum Großvater kamen. Da er aber sehr stark schnupfte und bei seiner Korpulenz eine weiche, fleischige, feuchte Hand besaß, konnte der dünne Lack nicht lange widerstehen. Es verschwand ein Dorf und ein Armeekorps nach dem anderen. Zuletzt wurde der vielbewunderte Deckel so unscheinbar, daß nur noch Leipzig als ein roter Punkt in der Mitte übrig blieb.

Partheys Vater, Hofrat Daniel Friedrich Parthey, der seit 1811 Inhaber der berühmten Nicolaischen Buchhandlung in Berlin war, spendete 10 Taler „zum Besten der Bewohner des Schlachtfeldes von Leipzig". Am 3. Januar 1814 hatte der „Unterstützungs-Verein für Leipzigs Umgebungen", „voll gläubigen Vertrauens zu den menschenfreundlichen Gesinnungen unserer Zeitgenossen", eine „öffentliche Aufforderung ... zu dem Geschäfte der Einsammlung und Vertheilung milder Beiträge" erlassen. Der Verein ging, trotz der chaotischen Situation, streng systematisch vor. Zur Schadenerfassung wurden Fragebogen erarbeitet, die zu der Vermutung ermuntern, daß dabei Preußen Pate gestanden haben. Es gab Fragebogen für 3 Kategorien von Geschädigten:

I. Einzelne Familien betreffend
II. Dienstboten betreffend
III. Gemeinden betreffend.

Das Familienoberhaupt mußte 51 Fragen beantworten, z. B. diese:

17) Wie viel von seinen Gebäuden abgebrannt, und wie viel stehen geblieben ist?
23) Ob er eine Wohnung hat, in der er vor Wind und Wetter nothdürftig geschützt ist?

35) Welche zu Fortstellung seiner Wirtschaft unentbehrliche Stücken ihm fehlen?

Aber auch solche Fragen mußten beantwortet werden:

48) Ob er nach der Schlacht, durch Einsammlung von Militair-Effecten, Gewehren, altem Messing und Eisen, Bleykugeln und dergleichen sich einigen erlaubten Nutzen gemacht? und wie viel solcher an Geldeswerth ungefähr betragen könnte?

49) Ob Beweise oder begründeter Verdacht vorhanden, dass er und die Seinigen bey Gelegenheit der Schlacht oder nachher sich mit fremden Eigenthum bereichert und dergleichen aus den Bivouacs, Wohnungen, Gärten, Feldern u.s.w. widerrechtlich an sich gebracht?

Dienstboten hatten nur 7 Fragen zu beantworten, wovon die beiden letzten wohl die entscheidenden waren:

6) Ob sie zeither sich ehrlich und ordentlich verhalten haben?

7) Ob sie ihrer Dienstherrschaft in der Noth treulich beygestanden?

Als alle Fragebogen ,,durch Einziehung genauerer Erkundigung von den Orts-Obrigkeiten und Geistlichen, so wie von anderen, im Rufe der Rechtlichkeit und Unpartheiligkeit stehenden, Personen'' überprüft und ausgewertet waren, ergab sich diese Schreckensbilanz:

Gesamtschadensumme	2 580 959 Rthlr.
Gebäudeschäden	
— abgebrannte Gebäude	366
— beschädigte Gebäude	1 239

Dazu wird angemerkt: ,,Unter den beschädigten Gebäuden sind nur diejenigen angegeben, welche vorzüglich beschädigt worden sind, sonst hätten fast alle Gebäude aufgeführt werden müssen.''

Viehverluste	
— Pferde	1 080 Stück
— Rindvieh	3 295 Stück
— Schafe	10 265 Stück
— Schweine	3 808 Stück
Verluste an	
— Getreide und Lebensmitteln	802 880 Rthlr.
— Haus-, Acker-, Handwerksgeräten, Kleidern, Wäsche, Betten, Bargeld	30 734 Rthlr.

Freundliche Bekanntmachung eines Stadtkommandanten

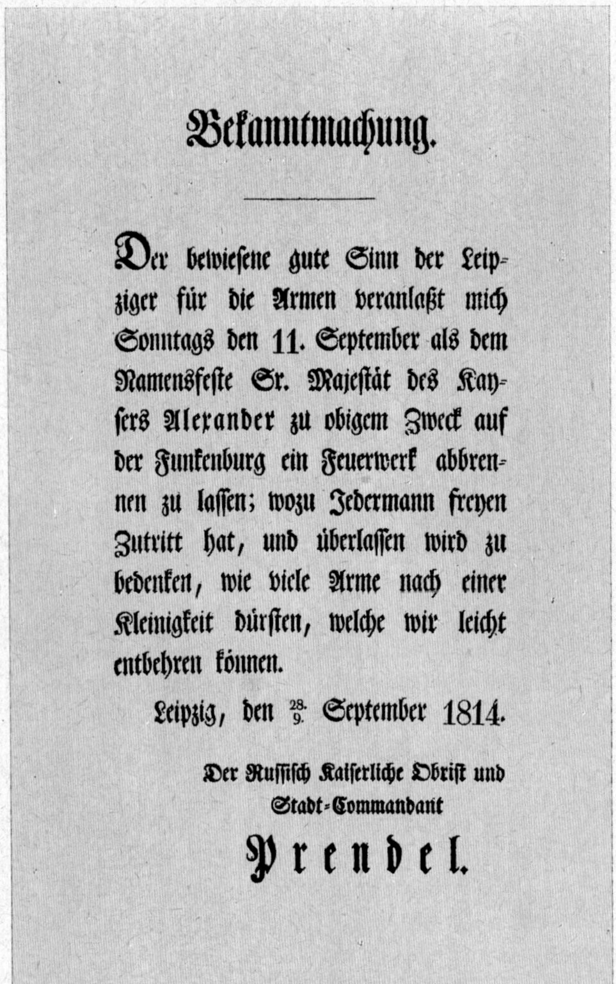

Bekanntmachung.

Der bewiesene gute Sinn der Leipziger für die Armen veranlaßt mich Sonntags den 11. September als dem Namensfeste Sr. Majestät des Kaysers Alexander zu obigem Zweck auf der Funkenburg ein Feuerwerk abbrennen zu lassen; wozu Jedermann freyen Zutritt hat, und überlassen wird zu bedenken, wie viele Arme nach einer Kleinigkeit dürsten, welche wir leicht entbehren können.

Leipzig, den 28./9. September 1814.

Der Russisch Kaiserliche Obrist und Stadt-Commandant

Prendel.

Wie sollte man da helfen? Und wer? Ganz Sachsen und die Nachbarländer waren durch Napoleons Kriegsführung ausgeplündert. So kam die größte Spendensumme denn auch aus dem Auslande, aus England, das durch den Krieg zwar auch geschädigt war, nicht aber wirklich gelitten hatte. Aus London wurden 49 013 Thl. 16 gr. überwiesen.

Der Unterstützungsverein legte am 30. Dezember 1815 die Abrechnung des Solidaritätskontos der Öffentlichkeit vor; es wird genau ausgewiesen, wer wieviel gespendet hat und wofür das Geld ausgegeben wurde.

Es gingen
„Summa Summarum 93 687 Thl. 10 gr. 5 pf." in Leipzig ein. Neben London kamen die höchsten Summen aus

— Stuttgart	5 285 Thl.	6 gr.	— pf.
— Zürich	2 821 Thl.	19 gr.	11 pf.
— Augsburg	2 223 Thl.	18 gr.	8 pf.
— München	2 105 Thl.	15 gr.	— pf.
— Osnabrück	2 002 Thl.	8 gr.	2 pf.
— Wien	1 274 Thl.	8 gr.	
— Stralsund	1 150 Thl.		

Es ist wohl nicht erstaunlich, daß dort, wo Not und Zerstörung am augenfälligsten waren, nämlich in Leipzig selbst, auch die Hilfsbereitschaft am größten war. 8 029 Thl. 19 gr. 1 pf. wurden hier gesammelt. Auf sehr unterschiedliche Art und Weise übrigens:

„Bei einer gewonnenen Wette vom Herrn Preller jun. erhalten
2 St. Ld. 10 Thl. 18 gr."

„Bei einem Mittagessen im Hotel de Prusse, von hiesigen und auswärtigen Herrn Buchhändlern eingesammelt, durch Herrn G. C. Haertel
51 Thl."

Häufig liest man in dem Bericht des Unterstützungsvereins, daß der Spender ungenannt bleiben will, oftmals wird unter Kennworten wie diesen eingezahlt:

Wenig aber gern.

Zwar wenig, doch nach Kräften.

Ein „ungenannter Wohlthäter" überwies aus

Memmingen 7 fl. 12 Xr. rh. (7 Gulden und 12 rheinische Kreuzer = 4 sächsische Taler), versehen mit dem Vers:

Euch Armen in der Ferne,
Gäb' ich ein Mehrers gerne;
Hielt nicht um milde Gabe,
Manch Armer ohne Habe,
Auch bei uns in der Nähe,
die Hände in die Höhe.

Die persönliche Beziehung zu Leipzig war für viele Spender das Motiv für ihre Hilfe. Eine Spende aus St. Gallen trägt den Vermerk:

„Von einem Bürger an der Seyn, welcher auf seiner Wanderschaft 1778 in Leipzig grosse Wohlthaten genossen hat."

Durch den Verleger Cotta in Stuttgart, einen ständigen Gast der Leipziger Buchmessen, „sind durch mehrere veranstaltete Collecten eingesammelt und übermacht worden 5177 fl. 41 Xr. = 2876 Thl. 12 gr."

Freilich fällt auch auf, daß aus manchen Orten die Spenden spärlich flossen. Aus Weimar wurde unter dem Pseudonym E. B. K. lediglich 1 Dukaten übersandt. Nach dem Monogramm J. W. G., dessen Inhaber während seines Studiums in Leipzig ja auch „grosse Wohlthaten genossen hat", sucht man vergeblich.

Zwei Drittel der Gesamtspendensumme wurden als Soforthilfe verteilt, sie war vor allem „auf den wirklichen Ackerbauer oder Landgutbesitzer gerichtet. Diese Classe ist es, an deren Erhaltung dem Ganzen am meisten gelegen seyn muss; ihr relativer Wohlstand wuchert auf die unmittelbarste Weise für alle übrigen Classen der Staatsbürger; eine Störung des landwirtschaftlichen Umtriebes ist eine Calamität, die Alle betrifft." So lautet einer der Ausgabebelege:

500,— waren nach der eigenen Bestimmung des Gebers, des H. Geheimen Finanz Rathes Schätzler in Augsburg, für ein einziges Dorf Rindvieh erkauft werden müssen, wozu das ganz abgebrannte Dorf Schönefeld gewählt, und

474 Thlr. — gr. — pf	*zu Erkaufung von 11 Stücken Kühen*
26 Thlr. — gr. — pf	*aber zu Anschaffung eines Saamen-Rindes verwendet worden.*

Gewiß, diese Schäden an Hab und Gut, die materiellen Schäden sind beeindruckend. Und doch sind diese weitgehend zu „regulieren", wenn genügend Geld vorhanden. Womit aber sollen ein Arm, ein Bein ersetzt werden? Wer vermag, Vater und Mutter zurückzukaufen? Statistiken und Bilanzen haben es durch alle Zeiten an sich, menschliches Leid so schön zu versachlichen:

238 Vater- und Mutterlose Waisen mit Kleidern, Wäsche und Schuhwerk vollständig versehen, für 7 Knaben und 12 Mädchen Unterstützungs-Gelder an deren Pflege-Eltern gezahlt, auch mehrere Waisen, nachdem sie aus der Schule entlassen und confirmiret worden waren, theils bei Handwerkern in die Lehre, theils als Dienstboten untergebracht, und dafür

2832 Thlr. 3 gr. 3 pf.

verwendet, ausserdem aber noch 125 Witwen mit 323 Kindern, zur Erziehung ihrer Kinder eine baare Geld-Unterstützung an Betrag zusammen von

1569 Thlr.

gegeben, für deren vorschriftsmäßige und gewissenhafte Anwendung die Herren Geistlichen jeden Orts zu sorgen, gütigst übernommen haben.

Schwierigkeiten bereitete die „Ziehung der Gränzlinie des eigentlichen Schlachtfeldes", und obwohl man nur die Orte erfaßte, „in deren Fluren wirkliche, als zur Schlacht bei Leipzig gehörig zu betrachtende Gefechte statt gefunden haben; so haben wir doch über 60 Ortschaften in diesen Bezirk ziehen müssen." Wer außerhalb dieses Bezirkes wohnte, mußte sich wohl oder übel in erster Linie selbst helfen, sei es auch durch Galgenhumor:

Zwei Berlinerinnen, die sich seit Jahr und Tag nicht gesehen hatten, treffen sich im Dezember 1813, während der Weihnachtseinkäufe, auf der Straße.

„Herrjees, Olja, det du noch lebst! Wie geht's denn?"

„Et is nischt ohne Mann. Meina is bei Jroßbeeren jefallen."

„Wat, der Jottlieb is doot?"

„Aba du loofst ja ooch in schwarz, deina etwa ooch?"

„Aba nich bei Jroßbeeren, bei Leibßich isser jebliem."

„Bei Leibßich", sagt Olga teilnahmsvoll und drückt der Freundin aufmunternd die Hand, „Leibßich, det is doch ooch ne scheene Jejend."

Zunächst war kein „steinerner Koloß" vonnöten, um an die Schrecken der Schlacht zu erinnern. Sie hatte selbst dafür gesorgt, daß die Leute auf ihre schrecklichen Denkmale stießen.

An den Pflug gelehnt, mit starren Blicken
Steht der Landmann, rückwärts schauend da,
Längst vergessne, blutge Tage rücken
Ihr Gedächtniß seinem Auge nah .

Bleichen Todtenschädeln und Gebeinen
Hat die Pflugschar neuen Tag gebracht,
Daß sie mahnend unsrer Zeit erscheinen,
Uns beschwörend aus des Grabes Nacht:

Unser Blut, das wir für euch vergossen,
Unser Leben, das wir euch geweiht —
Sei es nicht vergeblich hier geflossen
In der Völker wutentbranntem Streit;

Lehr' es euch die Eintracht stets bewahren —
Und des Landes Freiheit, Größe, Macht
Rettet ihr vor künftigen Gefahren,
In die uns Zerrissenheit gebracht.

(anonym, 1847)

Zu der Zeit, als dieses Gedicht erschienen ist, war eine andere Art der „Zerrissenheit" schon unübersehbar. „Eintracht" konnte als Zustand wohl kaum bewahrt, eher als großes, fernes Ziel angestrebt werden. „Die Laterne, Beiblatt zum Leuchtthurm. Nr. 1/1847", eine Zeitschrift des „Vormärz", leuchtet hinter die schöne Kulisse von des „Landes Freiheit, Größe, Macht". Daran, was im Lichtschein der „Laterne" alles sichtbar wird, ist zu merken, daß es nicht bloß eine „Funzel" war:

Wenn man vom Petersthor auf der Promenade zum Augusteum hingeht, so wird die Aussicht von der innern Stadt abwärts durch hohe schöne Gebäude begrenzt und der imposante Anblick derselben läßt in dem Zuschauer einen guten Eindruck zurück von dem herrlichen Leipzig. Aber hinter diesen hohen Gebäuden versteckt liegt ein anderes Leipzig, von schmutzigem, krankem oder auch verwildertem Aussehen; denn es ist überall so, „die schlechten Viertel" werden immer abseits gebaut, damit man ihren ekelhaften Anblick nicht stets vor Augen hat.

...

Was die letzten betrifft, so hat Leipzig schon lange sein wildes Viertel, worin Schmutz, Auflehnung gegen die sociale Ordnung, Prostitution u. s. w. reichlich wuchern; es hat in demselben auch sein Logirhaus, worin völlig Obdachlose für ein Billiges übernachten können, was die Proletarier in scherzhaftem Pathos den Rittersaal nennen.

...

In diesem Viertel wuchert die Armuth in ihrer schmutzigsten Gestalt. ... Die Überfüllung der kleinsten Löcher, „Stuben" genannt, mit Personen, ja wohl selbst mit Familien ist häufig; Verheirathete, die selbst kaum Raum für sich haben, nehmen noch Schlafburschen an; von einem solchen wurde mir erzählt, daß er auf den Dielen schlafe. Manche Wohnungen sind eigentlich Ställe; durch eine Parterrestube geht die Gosse mit einem Brette überdeckt.

...

Dieser Stadttheil gilt für verrufen, schon ihn zu betreten für unnobel. ... Ja, der Städter macht einen Unterschied zwischen der innern Stadt und dieser Vorstadt, als sei diese in einem Gegensatz zu jener. Noch mehr diese Vorstädter fühlen sich als Gegensatz zu den gebildeteren feineren Städtern, sie bilden Opposition gegen dieselben, sie fangen an, sich als „das Volk" zu erkennen.

...

Es klingt vielleicht scherzhaft, wenn ich erwähne, daß sich dieselben „die freien Schweizer", ihren Stadttheil die „Schweiz" nennen; aber in dieser ironischen Benennung liegt ein tiefer Trotz gegen die bestehende Ordnung ausgesprochen.

Am 7. Mai 1860, abends 11 Uhr kamen wir in Leipzig an und frugen uns durch nach der Herberge in der Großen Fleischergasse. Als wir nächsten Tages beim herrlichsten Maiwetter die Stadt und die in voller Frühjahrspracht stehenden Promenaden besichtigten, gefiel mir Leipzig ungemein. Ich hatte auch Glück und bekam Arbeit. ... Meister und Kollegen gefielen mir, die Arbeit auch, bei der sich etwas lernen ließ. Was mir aber nicht gefiel, war der schlechte Kaffee, den wir morgens erhielten, und das an Quantität und Qualität äußerst mangelhafte Mittagessen. ... Die Schlafstelle war beim Meister; wir schliefen sieben Mann in einer geräumigen Bodenkammer.

(AUGUST BEBEL, 1910)

Um Leipzigs Schönheit ist viel gestritten worden. Wenn es am erhabensten war, war es nicht unbedingt am schönsten. Zusammen mit den anderen Ein-

Universitätsgebäude nach der Bombennacht vom 4.12.1943

wohnern und zahllosen Flüchtlingen und Verwundeten erlebte der Pfarrer der Nikolaikirche, Friedrich Ostarhild, die Schrecken des Bombenterrors im letzten Krieg. Noch ganz unter dem furchtbaren Eindruck des Bombardements am 4. Dezember 1943 stehend, hat er seine Beobachtungen aufgeschrieben; vielleicht, weil sich so manches vergißt, wenn es nicht gleich jemand aufschreibt.

Sonnabend

Am Sonnabend wurde früh 3 Uhr 35 zu ungewohnter Zeit Alarm gegeben. ... Die ersten Bomben fielen etwa 3 Uhr 40, so daß die übrigen Hausbewohner nicht über den Hof zu uns ins Waschhaus gelangten, sondern im Haus in den allgemeinen Keller hinabstiegen. ...

Noch vor 4 Uhr erschütterte eine Bombe das Waschhaus, so daß das Fenster aufsprang und der Kalk von den Wänden rieselte. Der Luftdruck preßte uns an die Wand. Entweder war das die Bombe, die neben den Schwanenteich gefallen ist und die Goetheterrasse verwüstet hat, oder eine von den vieren, die auf dem Gebiet der Universität niedergegangen sein sollen. Dabei zeigte es sich, wie fest im Jahre 1886 Hugo Licht das Haus, besonders auch in seinen Kellerwölbungen, gebaut hatte. Die steile Führung des Daches hat sich ebenso wie bei der Kirche bewährt. Die Brandbomben sind auf dem gepflasterten Nikolaikirchhof oder in den Höfen ausgebrannt. Nach vier Uhr hörten die Einschläge auf. Von der Flak, die sonst zu hören ist, merkten wir diesmal nichts.

...

Im ganzen sind sechs Stabbrandbomben auf den Kirchenboden durchgeschlagen, vier Blindgänger und die beiden, die gezündet hatten.

Hinter der verschlossenen Tür des Orgelaufgangs gegenüber der Bavaria lag auf dem Steinfußboden eine ausgebrannte Stabbrandbombe samt der Asche, niemand konnte sich erklären, wie sie dahingelangt sei.

Sonnabend früh 11 Uhr bestieg ich mit Hildegard den Turm. Wir wußten noch nicht, ob die Kirche gerettet werden könnte. Aber zu dieser Zeit war sogar die Sonne durch den Qualm als blasse Scheibe sichtbar. Oben auf dem Umgang schlug die Wärme bis zu 75 Metern hoch empor. Außer dem Pfarrhaus und der alten Nikolaischule daneben ... sowie dem großen Eckhaus Grabich, war nichts zu sehen, das nicht brannte; so auch alle Gebäude am Augustusplatz. Als jemand behauptete: Aber das Opernhaus steht noch, konnten wir sagen: Ja, nur die Mauern. Nach dem Markt bis zum Alten Rathaus stand alles in Flammen. Von diesem ist wohl nur das Dach weggebrannt und der obere Teil des Turms, die Uhr ist auf 4 Uhr 28 stehengeblieben. Die langen Zeilen der Reichs- und Nikolaistraße schienen zusammenhängende Feuerschlangen zu sein. Am dichtesten war der Feuervorhang an der Südseite der Kirche nach Grimmaischer Straße und Universität zu. Wir konnten nicht ausmachen, ob St. Pauli mit ergriffen war. Später sahen wir, daß es nur Dach- und Fensterschäden aufwies.

. . .

Der Blick vom Turm auf das Flammenmeer war das erhabenste Schauspiel. In einer Stunde ist verwüstet solcher Reichtum.

. . .

Schon von früh 5 Uhr an hatte sich das Kircheninnere gefüllt. ... Obdachlose strömten mit Betten, Kisten, Koffern, Möbeln, Rundfunkgeräten und Handwerkszeug herein.

. . .

Sonntag

Im Keller des Hauses Ritterstraße 14 geriet die Gummi- und Lederniederlage in Brand. In zwei Kellergeschossen war dort das Luftschutzkommando Abschnitt Mitte mit Luftschutzraum untergebracht. Obwohl eine Schlauchleitung aus dem Schwanenteich herübergeleitet wurde, mußte das ganze Haus geräumt werden. Da wanderten Brote, halbe Ochsen und andere Vorräte in die Kirche.

. . .

Ab und zu bin ich durch die Kirche gegangen und habe die Leute gebeten, vorsichtig mit den Kerzen umzugehen, die sie entzündet hatten, da der Strom versagt hatte. Mit Krause habe ich brennbare Stoffe aus der Nähe der zerbrochenen Fenster gebracht. Der Menschenkenner Krause wollte die Kerzen vom Altar bergen, ich meinte aber, es sähe ohne sie zu trostlos für die Flüchtlinge aus. Drei Tage haben sie vorgehalten, bis Montag abend, dann sind sie doch gestohlen worden.

. . .

Sonntag abend in der zweiundzwanzigsten Stunde wurde Alarm durchs Haus gerufen. Die Sirenen der inneren Stadt waren außer Betrieb. Wir versammelten uns im Kellergang. ... In unseren Keller strömten auch die zahlreichen Bewohner von Nikolaistraße 6 und 8 durch den Mauerdurchbruch. ... Da sich nun in der Nikolaistraße 8 auch die Elefantenschänke befindet, wird der Kenner der Verhältnisse die Folgen beurteilen.

. . .

Jetzt wieder wie schon früher sahen wir, wie eine Feuerwehr von auswärts, von der Nikolaistraße aus ihren Wasserstrahl gegen die hohen Flammen spritzte. Aber regelmäßig löste sich das Wasser in Dampf auf. Die Schlauchleitung war vom Schwanenteich durch die Sachsenbank und Ritterstraße 14 über den Nikolaikirchhof um die Polizeiwache herum in die Nikolaistraße gelegt. Ich schickte Krause, er möchte die Feuerwehr veranlassen, den Schlauch durch Ritterstraße 5 auf das Dach des Gemeindesaals zu ziehen, dadurch würden 200 Meter Schlauch gespart. So könnte der Brandherd bekämpft werden, nicht bloß die Flammen. Die Antwort, die Krause bekam: „Zivilisten von der Straße weg!"

...

Nach und nach gewann ich einen Überblick über meinen Seelsorgebezirk. Einige von den folgenden Straßen gehören nur halb dazu. Völlig zerstört sind innerhalb des Bezirkes: Richard-Wagner-Straße (am Hauptbahnhof), Hallisches Tor, Markt (die Geschäfte im Alten Rathaus sind größtenteils erhalten), Salzgäßchen, Böttchergäßchen, Goldhahngäßchen, Goethestraße (das Palais steht noch), Augustusplatz, die beiden Hochhäuser sind teilweise ausgebrannt; (der Kastellan wohnt noch im Sockel des zerstörten Museums), Roßplatz, Grimmaischer Steinweg, Poststraße, Querstraße. Je ein Haus ist erhalten: auf der Grimmaischen Straße, Roßstraße, Johannisgasse (Amtsgericht), Georgiring, Gellertstraße, Katharinenstraße. Einige wenige Häuser stehen noch: Reichsstraße, Brühl, Magazingasse, Neumarkt, Königstraße, Nürnberger Straße, Nikolaistraße (12!), Ritterstraße (6), Schuhmachergäßchen (5), Universitätsstraße (3). Ganz steht noch die Schillerstraße zwischen Peters- und Universitätsstraße mit Reichsbank und Stadt- und Girokasse. Es ist möglich, daß hier und da ein Haus bewohnbar gemacht wird. Aber meistens sind die Zerstörungen gründlich.

Und gründlich war auch die Demagogie derer, die diesen großen Stadt- und Weltenbrand heraufbeschworen hatten. Die Leipziger Völkerschlacht und das Denkmal mußten noch einmal herhalten für eine zynische Geschichtsverdrehung. Sicher haben nur noch wenige der Geschichte geglaubt, mit der die „Neue Leipziger Tageszeitung" die „Ehrenfeier der Luftkriegsopfer am Völkerschlachtdenkmal", am 26. Dezember 1943, 11 Uhr, ankündigte: „Kein Ort ist würdiger für diese große Ehrung, als jene Stätte auf dem blutgetränkten Felde der großen Schlacht von 1813, in der die siegreiche Entscheidung im Kampf um Deutschlands Befreiung von fremdem Joch erstritten wurde. Was sich damals zu entwickeln begann und die zukunftsfrohe Sehnsucht vieler deutscher Herzen war, findet in dem gigantischen Ringen, in dem wir jetzt stehen, seine Vollendung."

Vergessene Trümmer: die katholische Kirche

Aus-Sichten

Trümmerfrau und Trümmerbahn
Vorhergehende Seiten: Nachkriegsmusik; Holz aus dem Rosental

Folgende Seiten: Mai 1949 — Vor den Ruinen des Augustusplatzes: Nie wieder Krieg!

Völkerverständigung —
der Weg zum Weltfrieden

KRIEG GEGEN
SOWJETUNION

Hier wächst das Messehaus am Markt

Buchstadt: Das Buchmessehaus neben dem Rathaus

Folgende Seiten: Stadttürme: Neues Rathaus, Universität und Krochhaus

Seit 1795 bestand in der Grimmaischen Straße ein „Literarisches Museum". Man fand dort zur Auswahl zwei englische, eine italienische, zehn französische und zwanzig deutsche politische Zeitungen; daneben vierundzwanzig wissenschaftliche Blätter und an Zeitschriften zehn englische, sechs französische und fünfundsiebzig deutsche.

Buchhandlung Franz-Mehrin

SPEDITION
9.
Kunst
Ausstellung
des
Bezirkes
Leipzig
31.8.-30.11.74
ALTES RATHAUS
LEIPZIGER
TURMBLASEN
Petershof
31.8.74
4.9.74
8.9.74
auf der
Galopprennbahn
im
Scheibenholz
Markt

Die Hainstraße: Meßgemäße Menschenmenge

Das „Fregehaus“: wieder benutzbar gemachtes Vorderhaus vom Anwesen des Bank- und Handelsherren Christian Ferdinand Frege

Folgende Seiten: Wasserspiele vor den Barockfassaden der Katharinenstraße; Lichtspiele mit der Fußgängerbrücke am Friedrich-Engels-Platz

Versteckte Details: die Wetterfahne über „Auerbachs Keller"; Giebelschmuck der „Leipzig Information"

Vogelschau: Wie ein Ballonfahrer das Stadtzentrum sähe

„Masurium" und „Weisheitszahn" nennt der Leipziger Volksmund das 1981 eingeweihte Gewandhaus und das Hochhaus der Universität

Klein-Paris

Die Leipziger Jahrmärkte, denn Messen würde man sie mit Unrecht noch nennen, sind leider ihrem Ersterben sehr nahe, und fangen an das Schwanenlied zu singen.

(AUGUST SALOMON MAURER, 1799)

Im Zeichen der Messe: Werbung einst und jetzt, hier und dort

Buchmarkt: Bücher auf dem Markt

Rathausarkaden: Wie in alter Zeit — verkauft wird, wo Platz ist

Folgende Seite: Im historischen Gewand bläst die Stadtwache vom Balkon des Alten Rathauses

Leipziger Lied

Man nennt Leipzig „die Musikstadt". Und alles soll damit angefangen haben, daß der Rat am 10. Juli 1479 „meister Hanßen Nayll mit zweyen seinen sonen" als Stadtpfeifer in Lohn und Brot genommen hat, „welchen jährlich 40 alte Schock und eine Hoff-Wand versprochen worden; hingegen sollen sie umbs NeuJahr nicht bitten / auch von einem Bürger für Auffwartung auff einer Hochzeit mehr nicht als 40 Groschen nehmen." Obwohl die leidige Honorarfrage schon von vornherein geklärt war, konnten die Mannen nicht sofort ihre Posaunen, Trompeten und Zinken blasen, da wollten erst noch einige Formalitäten erledigt sein. Schließlich waren sie ja nun Angestellte des Rates, so mußten sie als entscheidende Voraussetzung für eine ratsmusikalische Tätigkeit einen Amtseid sprechen:

Dem Dienst darzu ich mich begeben hab, dem will ich getreulich und vleißig vorstehen, des Rathes Ehre fördern, und schaden, ob ich den erfahren wurde, melden, warnen und offenbahren, der Musica in den Kirchen, sowohl dem aveblasen von dem Rathhause vleißig abwarten / die ienigen / so mich und meine gesellen zu Ehren / es sey auff Wirdtschaften oder Gastereyen erfordern, mit dem Lohn nicht ubersetzen, Sondern an dem, was verordnet begnügen, und im auffwarten mich willig und unverdrossen erfinden lassen. / .

Treulich und ungefehrlich, Als mir Gott helffe.

Nach diesem mutigen Bekenntnis zu vielerlei Dienstpflichten stand der Blaskunst dann nichts mehr im Wege. Es gelang den Musici, nicht nur „des Rathes Ehre" zu mehren, sondern auch seine Einnahmen. Musik und Tanz sind Schwestern, und gemeinsam ein Ausdruck der Lebensfreude — alles gut und schön, aber immer im Rahmen von Zucht und Ordnung! Da kam es doch der Jugend, der ja bekanntlich nichts heilig ist, in den Sinn, sich beim Tanz zur Stadtpfeifermusik zu drehen, ja sogar in die Luft zu springen, statt gemessen zu schreiten. Trieben also alle solche vom Ausland hereingetragenen Unarten wie Auseinandertanzen, Rocken und Rollen, Twisten und derlei Unzüchtigkeiten. Halt ein mit Scherz und Narretey! mag der Rat gerufen haben; schließlich geschah das alles sogar auch in der Höhle des Löwen, im Festsaal des Rathauses. Also: Wer nicht sittsam Schritt für Schrittchen sich bewegt, erlegt einen Strafgroschen! Da die Stadtpfeifer wohl aber ganz flott ins Rohr zu blasen verstanden, sind dem Rat etliche Groschen zusammengetanzt worden. Verboten ist, was gern man tut, hat wohl manch Leipziger Brautvater gedacht, wenn er die Tanzstrafe für seines Täubchens Hochzeit sicherheitshalber gleich im voraus bezahlte.

Bis zu einem leipzigtypischen Tanz, der wie Wiener Walzer oder Krakowiak auf den Parketts der Welt mit seinem Namen vom Ruhme der Geburtsstadt kündet, war es noch ein weiter Weg. Erst 1958 entwickelte das Leipziger Tanzlehrerehepaar Seifert nach der Musik des Leipziger Komponisten Dubianski in Leipzig einen Leipziger Tanz, der folgerichtig „Lipsi" genannt wurde. Das musikalische Charakteristikum war der in der Tanzmusik selten verwendete $^{6}/_{4}$-Takt. Mit dem Abstand von gut 20 Jahren sieht der „Erfinder" darin auch den Grund für die Kurzlebigkeit des „Lipsi". „Das war für die Tanzmusiker ungewohnt, da hätten sie ja was tun müssen, um den Rhythmus perfekt spielen zu können." Langlebiger hat sich der Lipsi im Ausland erwiesen, in der Sowjetunion wird er noch heute gelehrt und getanzt. In der Sowjetunion hatten die Seiferts ihren vielleicht nachhaltig wirksamsten Auftritt. Während einer Tournee durch die kaukasischen Unionsrepubliken stellten die Leipziger Tänzer ihre Kreation auch in Tbilissi vor. Damit möglichst viele Grusinier an dieser Vorstellung teilhaben konnten, wurde sie im regionalen Fernsehen übertragen. Tags darauf wollten sich die Seiferts das Programm des weltberühmten, gerade von einer USA-Tournee zurückgekehrten Moissejew-Ensembles ansehen. Als sie den Theatersaal betraten, erhob sich das Publikum und applaudierte. Der Dolmetscher klärte die verwunderten Tänzer aus Leipzig auf: „Nun, man hat gestern Ihren ‚Lipsi' im Fernsehen gesehen."

Doch schalten wir noch einmal zurück ins praetelevisionäre Leipzig. Da es noch nicht einmal den Stadtfunk gab, der von den „academixer"-Kabarettisten mit dem Satz „Keiner hört's, alle stört's" kommentiert wird, hatte vorzüglich in der Musikstadt die Musik „Aufgaben zu lösen", die weit über das rein Musikalische hinausgingen: informieren, auswerten, belehren. Weil die Zeitungen noch keine vollentwickelten Zentralorgane und auch im Format bedeutend kleiner und damit nicht so multidisponibel waren, mußte man den Leuten das Weltgeschehen und die Lokalnachrichten, was an einem Ort, wo man, laut Lessing, „die ganze Welt in kleinen sehen kan", fast identisch ist, in Bild und Lied, durch Hand und Mund, zu Hirn und Herzen bringen. Der Rat übte dabei aber offenbar eine strenge Nachrichtenqualitätskontrolle aus:

Gesuch des Moritatensängers Johann Heinrich Heidenreich an den Rat der Stadt

Ich bitte um Gottes willen beiliegendes Lied, welches zu meinem Gemälde gehört, diese Messe verkaufen zu können. Ich bin vom Militär entlassen, halb blind und taub und habe eine 84jährige Mutter zu ernähren. Ich will durch Bild und Schrift auf das gemeine Volk einwirken. Ist das Bild schlecht, so ist doch die Schrift, welche ich ausstelle, die Hauptsache und enthält nur geschichtlich wahre Tatsachen. Sie sind aus dem „Österreichischen Beobachter" entnommen, der bekanntlich niemals Unwahrheiten zutage fördert.

Und dies war eines der lokalen Weltereignisse, oder weltlichen Lokalereignisse, die in der Leute Ohr gingen:

Leipziger Moritat

Leute, hört die ganze Mordgeschichte,
welche ich aus Leipzig euch berichte,
wie so ein Kerle dort auf der Sterle
eine Magd ermordet hat, so ne Tat!

Auf dem Ball, da konnt man sehn die Hulda,
wie sie tanzt in großen Sprüngen Pulka,
mitternächtig, ganz niederträchtig,
in einem weißen Nachtgewand, so ne Schand.

Auf dem Ball war auch ein Posteleve,
der aß gern Butterbrot mit Käse,
als der die Hulda sah tanzen Pulka,
ward er gleich verliebt in ihr, so ein Tier.

Er gestand ihr schleunig seine Liebe,
doch sie erwiderte mitnichten seine Triebe,
und in der Folge mit seinem Dolche
stach er in die Gurgel sie, daß sie schrie.

Und die Hulda wurde gleich verbunden
und der Vieharzt, der kam alle Stunden,
doch alle Kunst, die war umsunst,
denn sie starb ins Hospital, an die Qual.

Doch die Pi-Pa-Polizei die schnelle,
war auch diesmal also gleich zur Stelle,
ein Gendarme packt ihn am Arme
und schleppt ihn bald aufs Schafott, so'n Hundsfott.

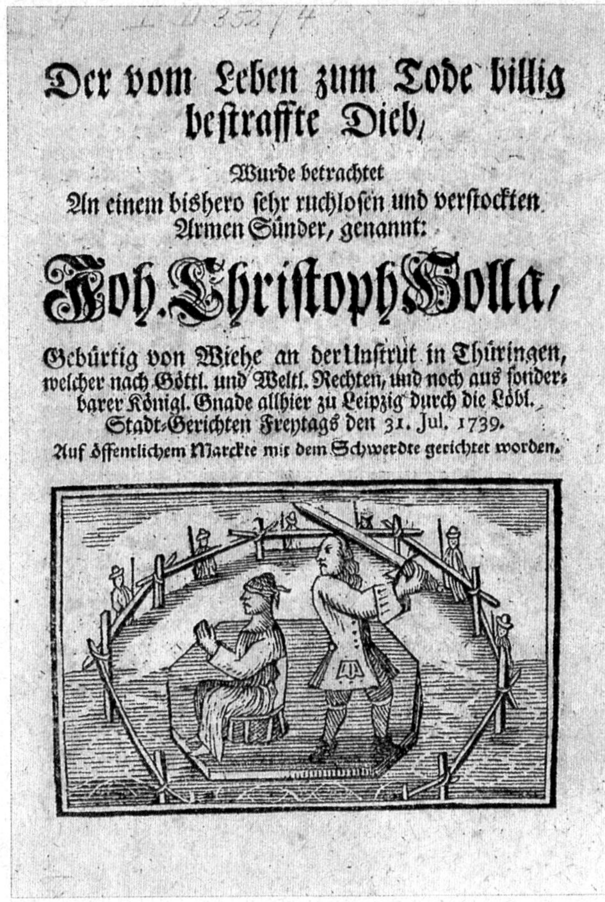

Programmzettel für das Spektakel einer öffentlichen Hinrichtung

Beim Lesen dieses und anderer Texte wird deutlich, daß es offenbar eine zeitlose Tendenz in der Unterhaltungsbranche gibt: Nichts ist so unterhaltend wie Liebe, Mord und Totschlag — und am besten alles dreies zusammen. Wohl aus diesem Grunde nahmen selbst Hinrichtungen bisweilen „Volksfestcharakter" an. 1854 wurde in Leipzig die letzte öffentliche Hinrichtung „veranstaltet". Jeder wollte dabei sein Geschäft machen: Kaffee-, Bier- und Schnapsbudenbesitzer, Kuchen- und Würstchenmänner, Flugblattverkäufer, die eine bebilderte Schilderung der zu sühnenden Mordtat verkauften, und auch solch rührige Seelen, die Fuhrwerke, Leitern, Tische und Stühle vermieteten, damit sich jeder an dem grausigen Schauspiel ergötzen könne!

Neben der „Alltagsmusik" der Bänkel- und Moritatensänger gab es auch die „Sonntagsmusik", die in Leipzig vor allem eine Donnerstagsmusik ist. Zunächst musizierte man am Brühl; im Haus „Zu den drei Schwanen" fand jeweils das „Große Konzert" statt. Daß diese Spielstätte wenig „standesgemäß" war, wird man sich vorstellen können, wenn man in den „Briefen eines aufmerksamen Reisenden die Musik betreffend" liest, der Eingang habe „etwas mystisches, indem man durch eine gemeine Herberge einen Gang hinaufgeführt wird, nach dem man sich ehe ein heimliches Halsgericht vermuthen sollte, als einen hellen Saal voll galanter Gesellschaft". Diese galanten Musikliebhaber hätten lieber einen angemessenen Konzertsaal gehabt. Er fand sich. Durch den Bürgermeister Müller beauftragt, überreichte am 10. Mai 1780 der Stadtbaudirektor Dauthe das „ganz ergebenste Promemoriam":

Nachdem mir aufgetragen worden, zu untersuchen, ob auf dem alten Bibliotheksgebäude ein geräumiger Saal ohne Gefahr könne erbauet werden, so habe ich selbiges in Augenschein genommen, hierbei ersehen, daß ein solcher von 40 Ellen Länge, 20 Ellen Breite und 12 Ellen Höhe ohne Nachteil dieses Gebäudes in das dritte Geschoß auf einen bisher ungenutzten Platz könne erbauet werden. Um nun bequem auf ihn zu kommen, könnte man nach der neuen Bibliothekstreppe eine Thür herausbrechen und sich dieser Treppe bedienen. Damit aber die Wände dieses Saales das Gebäude nicht so belästigen, so wäre mein ohnmaßgeblicher Vorschlag, anstatt sie auszumauern, selbige nur mit Brettern zu verschlagen und des Winters wegen zu berohren.

Das „Promemoriam" fand Zustimmung; am 13. Juni 1780 ordnete der Rat den Bau an, und schon am 25. November 1781 fand das erste Konzert im neuen Saale statt. Das alte Bibliotheksgebäude hatte vordem auch Tuchhändlern als Ausstellungs- und Verkaufsraum gedient, *daher* kommt der Name „Gewandhaus", und nicht, wie spitze Zungen behaupten, daß dies das Haus sei, in das man ginge, seine Gewänder zu präsentieren. Bei diesen Konzerten war die „Creme" der Stadt gewissermaßen „unter sich"; damit kein Unberufener dem musikalischen Ritual Abbruch tun könne, waren die Gewandhaus-Abonnements in festem Familienbesitz und wurden vererbt wie das Familienwappen. Wer es wagte, diesen Kult nicht ernst zu nehmen, der hatte nichts zu lachen. Am 15. November 1799 wurde den 42 Leipziger Buchhändlern ein Bändchen angeliefert, das so interessant war, daß schon drei Tage später vom Rat der Stadt der Verkauf verboten wurde. Die 426 noch nicht verkauften Exemplare der Auflage von 750 Stück wurden requiriert. Dem Verfasser, August Salomon Maurer, der sich vorsichtshalber hinter dem schönen Pseudonym Ernestus Gotofredus Lagophthalmus (= Hasenauge) verborgen gehalten hatte, war zum Verhängnis geworden, daß ausgerechnet eine hohe Militärperson gegen „abscheuliche Invectionen" gegen das unter seinem Kommando stehende Regiment protestiert hatte. Das Gewandhaustheater hatte der Autor so auf die Schippe genommen:

Lächerlicher muß für den unbefangenen Zuschauer kein Anblick seyn, als wenn Damen und Herren gepuzt, geschmückt und ausstaffiert, gleich heidnischen Schlachtthieren, stumm und gravitätisch einhertreten, — in ihrer Miene Verschwiegenheit wie Grabesnacht, — in ihren Blicken heiliger Schauer, wie am Charfreitage beim Grabe des Versöhners, — in ihrem Gange abgemessener Takt, wie der Schritt eines der Todtenbaare vorangehenden Leichenbitters, und endlich denn ihr Niedersetzen, wie das ehrfurchtsvolle Hinknieen eines katholischen Bauers, wenn der heilige Vater den Segen austheilt.

. . .

Denke dir an den Damen nun überdem noch ganze Lasten und Massen von edlen Juwelen und Perlen in Haaren und an Händen; denke dir ferner Chapeaus, ausstaffiert, alle mit seidenen Strümpfen, Westen und den elegantesten Kleidern, kerzengerade wie steinerne Statüen dastehen, und warlich du läufst Gefahr, erstere für Marienbilder, und letztere für kanonisirte Petrus- Paulus- oder Jakobus-Männer zu halten. Hahaha!

Der angenehmen Unterhaltung, welche die göttlichen Töne einer bezaubernden Musik gewähren, ohnerachtet, wird dir dennoch ganz ängstlich und beklommen ums Herz werden, wenn du das erstemal in diesem Saale erscheinst, denn beim Himmel! ehrwürdiger kann es wohl selbst beim Frohnleichnamstage in Erfurth nicht zugehen, als Donnerstags hier im Leipziger großen Concert.

Die Gewandhausmusiker hingegen waren Menschen wie du und ich, die wohnen, essen und arbeiten müssen. Wie ihr Wohnungsproblem gelöst worden war, wußte der Leipzigforscher Prof. Gustav Wustmann beiläufig und originell zu erklären:

So stand der Name des Stadtpfeifergäßchens keineswegs fest; andre nannten es Häschergäßchen, noch andre das Wehmuttergäßchen, und sie hatten alle Recht. Der Rat hatte die ganze Gasse entlang kleine Beamtenwohnungen bauen lassen, und die Hauptbewohner, die da friedlich beieinander saßen, waren die Stadtpfeifer, die Häscher und die Wehmütter (in heutiger Sprache: die Mitglieder des Gewandhausorchesters, die Schutzleute und die Hebammen).

Mit dieser „Kasernierung" war auch gleich das leidige Problem des Übens gelöst. Städtische Häscher hatten sich nicht zu beschweren, Wehmütter waren ganz andere Laute gewöhnt und die Kollegen untereinander sowieso. Heute gibt es in Leipzig auch ein sogenanntes Musikviertel. Das heißt aber nur so, weil dort alle Straßen nach Musikern benannt worden sind. Die Gewandhäusler müssen zu Hause üben. Und dort haben sie Nachbarn. Ein Musikstädter, ein „Geistesschaffender", wie er sich nennt, beklagte sich bei einer Zeitung über seinen Nachbarn:

... wenn ich arbeiten gehe, suche ich meine Arbeitsstelle auf. Ein Schmied arbeitet auch nicht in seiner Wohnung. Man kann wohl das gleiche von einem Musiker erwarten.

Über die Wertschätzung der Musiker in der Stadt, die sich auch in Mark und Pfennig oder Taler und Groschen ausdrückt, schrieb der Gewandhauskapellmeister Felix Mendelssohn Bartholdy in einem mehrseitigen Brief vom 3. Oktober 1843 an den „hochedlen und hochweisen Rath der Stadt Leipzig":

... denn die Leistungen unsres Orchesters sind ja nicht allein denen des Frankfurter, sondern denen aller andern deutschen Städte an die Seite zu setzen, ja den meisten mir bekannten unbedingt vorzuziehen! Den guten, weit verbreiteten musikalischen Ruf, den Leipzig in ganz Deutschland genießt, verdankt es einzig und allein diesem Orchester, dessen Mitglieder sich aufs kümmerlichste, aufs traurigste behelfen müssen; jener gute Ruf ist gewiß nicht ohne materielle Vortheile für die Stadt Leipzig, der geistigen Vortheile für die Kunst zu geschweigen; sollen denn die Einzelnen, denen man so günstige Resultate schuldig ist, nach wie vor in einer ihren Leistungen und den Zeitumständen unangemeßnen, in einer drückenden Lage bleiben, während das Ganze durch sie gedeiht, und die Stadt selbst Ehre und Nutzen von ihnen hat?

Nur wenige Worte erlaube ich mir noch über die Substituten-Ordnung (Stellvertreter-Ordnung, d. A.) beizufügen, die ich vielmehr die Substituten-Unordnung nennen möchte. Denn es ist schwer, sich von diesem Unwesen einen Begriff zu machen, wenn man ihn nicht aus Erfahrung genau kennt, wie ich dazu Gelegenheit hatte. Auch dies ist in früheren Eingaben ausführlich dargethan, und ich füge nur ein eben erlebtes Beispiel hinzu. Im vorgestrigen Concert haben die Clarinettisten für ihre Theatersubstituten jeder einen Speciesthaler geben müssen, so daß der eine von ihnen für seine Mitwirkung in Probe und Aufführung des ersten Abonnement-Concertes 8 Groschen Courant — bezahlt hat.

Nun werden die Musiker heute durchaus angemessen honoriert, und es kann keine Rede mehr davon sein, daß sie für ihre Arbeit womöglich etwas zahlen müßten. Oder? Dem Leipziger Komponisten Günter Neubert ging vor nicht langer Zeit dieses Gerichtsurteil zu:

„Die Verklagten werden verurteilt, es zu unterlassen, die und die ihrer Kinder in ihrer Wohnung ... ausgeübte Musiziertätigkeit, insbesondere auf dem dort befindlichen Klavier in einer die Zimmerlautstärke überschreitenden Weise durchzuführen. ... Für jeden Fall der Zuwiderhandlung wird den Verklagten ein Zwangsgeld in Höhe von 300,— M angedroht."

Als der Ungar Arthur Nikisch von 1895 bis 1922 Dirigent des Gewandhauses war, wurde die Gewandhausgemeinde nicht nur mit neuer Musik, sondern auch mit demokratischer Gesinnung konfrontiert. Nikisch arbeitete mit dem Leipziger Arbeiterbildungs-Institut zusammen und veranstaltete erste Gewandhauskonzerte für Arbeiter. Einer, der die „Öffnung des Tempels" miterlebt hat, erinnert sich:

Am Donnerstagabend spielte Nikisch für die „Hottwolee" und das gleiche Konzert gab's am Sonntagvormittag noch einmal für den Arbeiterbildungsverein. Der einzige Unterschied bestand darin, daß am Sonntag keine große Pause gemacht wurde, weil wir Arbeiter sowieso keine Brillanten hatten, die wir zeigen mußten.

Geglied. Goldbrosche
(wie Blatt) bei Gewandhauseröffng. am 8. 10. verl. Bitte geg. entsprech. Belohng. abzugeben bei Kehl, 7022 Leipzig, Gohliser Straße 1

LVZ – 13. Oktober 1981

Apropos Nikisch. Ein Leipziger Stadtführer von 1906 erwähnte nicht nur historische und architektonische Sehenswürdigkeiten der Stadt, sondern auch personelle. Eine davon war:

ARTHUR NIKISCH, Thomasring 15^{III}.

Professor. Ritter. Hexenmeister. Nachts 1 bis 3 spielt er Klavier. 3 bis 5 Schlaf auf freier Strecke zwischen Berlin und Leipzig. 5 bis 7 Partiturlesen. 7 bis 8 Kritikerlektüre (wird aber nicht zugegeben). 8 bis 10 Konservatorium. 10 bis 12 Gewandhausprobe in Leipzig. 12 bis 2 Probe in Hamburg. 2 bis 5 Probe in Berlin. 5 bis 7 Probe mit Elena Gerhardt. 7 bis 9 Philharmonisches Konzert in Berlin. 9 bis 11 Memoirenwerk: Ein Jahr Operndirigent in Leipzig. 11 bis 12 nicht zu sprechen. 12 bis 1 Tanzmusik.

Die von Nikisch am 31. Dezember 1918 begründete Tradition, am Silvesterabend Beethovens 9. Sinfonie zu spielen, wird bis zu seinem jetzigen Nachfolger gepflegt. Steht der Gewandhauskapellmeister von heute auch noch in der Streß-Tradition Nikischs?

MASUR, KURT. Hellerstraße
Gewandhauskapellmeister, Professor, Akademiemitglied, Stadtverordneter
Nationalpreis, Vaterländischer Verdienstorden, Stern der Völkerfreundschaft
Schallplattenpreis der USA, Ehrenmitglied des Orchestra Sinfonica Brasileira Rio de Janeiro, Ehrendirigent des Yomiuri Nippon Symphony Orchestra Tokyo
Antiraucher, Milchtrinker, Wasserratte, Skatspieler, Ab- und Umschaltphänomen, Terminäquilibrist

4.30 Ankunft aus New York
4.45 Diktat per Flughafentelefon
5.00 Probe in Berlin
7.00 Agitation im Ministerium
8.15 staatliche Leitung des Gewandhauses in Leipzig: Leitungssitzung, Kadergespräche, Arbeitsschutzbelehrung
9.00 Abstimmung mit dem Aufbaustab des Neuen Gewandhauses, genannt „Masurium"
9.55 Unterschriften auf der Fahrt zur Probe
10.00 Probe in Leipzig
12.00 Rapport in der Baubaracke
13.00 Fußballspiel gegen VEB Chemiekombinat „Otto Grotewohl" Böhlen
14.00 Beschaffung von Handwaschpaste und Arbeitsstiefeln für die Bauarbeiter
15.00 Kindergeburtstag in Leipzig-Leutzsch
16.30 Konzert in Prag
17.00 Konzert in Wien
17.30 Oper in Leipzig
18.30 familieninterner Japanischsprachkursus
19.00 Schwimmtherapie
19.25 Meditation
19.30 Gewandhauskonzert in Leipzig
20.30 Hausmusik; Besetzung: Tomoko-san (Voc., Vl., Vla., Pos.), Kurt-san (Vc.), Carolin (Klav.), Ken (Vl.)
21.00 Akustikprobe im neuen Haus
22.00 Orchesterprobe in Wien
22.30 Designvorschlag für neue Gewandhauswandleuchten

23.00 Kritikenlektüre während der Autofahrt nach Berlin
0.00 deswegen nochmals Meditation
1.00 Schallplattenaufnahme in Berlin
2.40 Abflug nach Tokyo

Seit Neujahr 1841 kostete ein Einzelbillett für das Gewandhaus 20 Neugroschen. Für weniger Geld gab es für den Mann auf der Straße Straßenmusik. Besonders während der Messezeit war es so, daß „jedermann sein Würstchen mit Musik" essen konnte, wie ein Messebesucher schrieb. Die Messemusikanten waren viel ordentlichere Leute, als mancher gelten lassen wollte. Sogar eine sorgfältige Buchführung hatten einige aufzuweisen.

„Dage- und Cassabuch
for unsre Gesellschaft"
gefiert von Gottfried Hahn

Vorgestern, als den 15. September 1851,
sein mer hier in Leipzig zur Michaelismesse angekommen, nämlich ich Gottfried Hahn aus Stollberg im sächsischen Erzgebirge als erste Drombete, mei Bruder Luis mit der zweiten Drombete un'n Glabbenhorn, meiner Muhme ihr Sohn, der August, bläst's Waldhorn, Kremplers Heinrich aus Obervogelsang mit der Bosaune, Hesse aus Oberpfannstiel als erste Clarnette und Bäslers Fritze aus Lauterbach mit der zweiten Clarnette un'n Biston, mer sein also sechs Mann. Finf Tage warn mer unterwegens un ham uns mit Spiel'n von Ort zu Ort glicklich durchgefressen bis hierher.

Gestern, am 16.,
ham mer uffn Naschmarkt vorn Herrn Aktuar von die Polizei Probe gespielt. Mir wählten derzu das scheene Lied, als Marsch „Gott sei mit dir mein Sachsenland", was mer aus'n ff kennen, un bestanden ooch de Probe glänzend, so daß mer glicklich unsern Schein kriegten. Indem Krempler Heinrich zwar der Älteste is, aber so sehre seift, ham se mich zum Kassirer erwehlt, aber 's wird ooch Zeit, daß was in de Casse kommt, denn wie mer den Schein bezahlt hatten und dann in unser Quartier in der Webergasse No. 4 kamen, wo mer mit e Freiberger Bergmusikantenkor in ener leeren Dischlerwerkstelle uff lauter scheenen Strohsäcken schlafen, hatten mer in der Casse nur noch 7 Pfennge.

. . .

Heite, den 18. September
habn mer angefangen, zuerst in der Bosenstraße un mit'n Choral „Wie scheen leichtet der Morgenstern", dann 'n „Schneiderwalzer" und zuletzt 'n „Bergmannsgruß", wozu mei Bruder Luis, der August, un Bäsler den Dekst sangen. 's machte sich sehr hibsch. Nachher wurden mer von ener Köchin, die in der „Bretzel" an der Ecke der Holzgasse dient, fer morgen frieh um sechse zu e Ständchen bestellt, un kriegten mer zwanzig Neigroschen in Voraus. 's is nämlich der Köchin ihr Geburtstag morgen, un 's soll aussehn, als wenn e Verehrer ihr das Ständchen bringen läßt. Im Ganzen ham mer heite eingenommen 2 Thlr. 8 Gr. 4 Pfg., worunter aber zwee falsche Dreier un e versilberter Zweefennger.

. . .

Heite, den 24. September
war klener Meßsonntag. Ich hätt bald Malehr gehabt heite, weil mer e Student in der Petersstraße zwee große Vierpfennger in Pabier gewickelt, von 3 Drebben hoch runter un mir grade uff de Nase schmiß, daß se ganz dick wurde. Abends ham mer heite in der großen Bierbude off'n Obstmarkt gespielt, aber weil Heinrich wieder emal dichtg een zu sich genommen hatte, un der große Löwe for die Döne aus Heinrichn seiner Bosaune kee musikalisches Geheer hatte, gabs zuletzt e großen Grawall, un der starke Löwenbändiger schmiß uns zuletzt alle eenzeln, eenen nach dem andern zur Bude naus, was mer blos ganz alleene Heinrichn un sein Saufen zu verdanken hatten.

. . .

Datum 6. Oktober.
Gestern früh wie mer gerade an der Sandgasse den Morgenchoral spielten, kommt e Herr und sagt, mir sollten in de Königstraße No. 11, zwei Dreppen hoch gehn, da wohnte e Freind von ihm, der heite seinen Geburtstag hätte, indem er gerade 30 Jahre alt wirde.

G. OPIZ f.

Mir sollten recht sachte de Dreppen nauf gehn un oben mit aller Macht das Lied „Schier dreißig Jahre bist Du alt“ blasen, worüber sich sein Freind furchtbar frein wirde. Als Lohn gab der Herr 1 Thaler, dann ging er mit uns bis in de Hausflur, blieb aber unten stehen. Mir freiten uns über das noble Geschenk und schlichen uns ganz leise de 2 Dreppen nauf. Oben nahmen wir sachte Aufstellung un legten nu los, daß de Wände zitterten. Kaum aber warn mer bis zur dritten Strofe gekommen, so ging uff emal de Vorsaalthür uff, un e Frauenzimmer in ener Nachtjacke un de Haare einzeln in Pabier gewickelt, stürzte mit e großen Besen uff uns los un haute uff uns ein daß uns Heern un Sehn verging un mir lauter Frösche rausbrachten. Ich denke natirlich mer sein vielleicht falsch gegangen un trete vor un will den Irrthum aufklären, da kommt aber uff emal noch e Frauenzimmer, ene ganz Alte, ebenfalls aus dem Logis rausgesterzt, die haut mich schwipp, schwapp mit e nassen dreckgen Scheuerlappen um Maul un Ohren, daß ich bald erstickte ... Mir waren natirlich iber so ne Behandlung fir unsere musikalische Leistung eiserst aufgebracht, aber der Herr, der immer noch in der Hausflur stand, wollte sich totlachen, griff in die Westentasche und ich denke, na — e Viergroschenstick macht Alles wieder gut, was aber drickt er mir in de Hand? E Pabier — un wie ichs besehe is es werklich und wahrhaftig e Finfthalerschein! Na — unsere Freide! Nu sagte uns der Herr, die Dame oben sei ene vom Theater, ene Dänzerin, heite sei ihr Geburtstag wo sie wirklich 30 Jahre wirde, un weil se sich immer nur fir 23 Jahre alt ausgebe, habe er ihr den Possen gespielt. Mir stellten uns nun auf die Straße vor dem Hause auf und spielten fast eine Viertelstunde lang weiter nichts als „Schier 30 Jahre bist Du alt“ bis die Alte schimpfend an uns vorbei nach der Polizei lief, weshalb mir uns nun trollten; der Herr war ebenfalls gegangen.

„Die Bergmännischen Musikanten“, Zeichnung von Georg Emanuel Opiz, 1825

Datum 13. Oktober.
Mer merkt daß de Messe zu Ende geht, die Einkäufer und großen Verkäufer sind alle fort un die Straßen in der Stadt sind viel leerer wie vorige Woche noch. Aber dafor gehts Geschäft auf dem Augustusplatz flott und is e Gedränge, daß mer kaum durchkann. Die Handelsleute sind fröhlich und vergnügt un vormittags wenn mir oder ä anders Chor kommen un spielen, tanzen sie oft in den Reihen, daß de Buden wackeln und dann geben se uns gerne ä paar Pfennige oder ä Sechser, viele Male aber geben se e Groschen, ja — 's is e fideles Völkchen. Bei'n Schustern hatten se gestern eine Bude bekränzt, weil der Händler darin nunmehro seit 30 Jahren zur Messe kam, mir mußten ihm e Ständchen bringen, un dann sammelten se für uns un brachten bald finf Thaler for uns zusammen. Mir wollten das viele Geld for de kleine Mühe erst nich nehmen, aber — se meenten wir wirden's wohl schon brauchen kennen. Du lieber Gott, da hatten se freilich recht, zumal wenn mer ä armer Weber is wie ich und sechs lebendge Kinder zu Hause hat.

Das war Musik für Herz und Gemüt! Für zartbesaitete Seelen sicherlich weniger, denn eine solche schimpfte über die Messmusik in kräftigen Worten:

„Rettung von Tyrannenketten“, singt Schiller, warum nicht auch Rettung vor der Leipziger Meßmusik? Rettung von diesen in Posaunen und Waldhörnern verkappten Höllenmaschinen, die früh mit der Sonne bis zum Erscheinen der Nachtwächter aufgestellt werden in Straßen und Höfen und sich da ausbreiten bis in die schwindelnden Regionen der fünf Treppen hohen Bodenkammern.

Die Messmusikanten werden solche Kritik gar nicht zu hören bekommen haben, denn ihr Publikum war weniger verzärtelt. Wie aber reagieren andere Musiker auf herbe Kritik? Sicher je nach Temperamentslage. Der ebenso temperament- wie humorvolle Bayer Max Reger, der sich bei seiner Ankunft in Leipzig im Hotel Hentschel als

Max Reger, Dienstmann No. 117 aus München,

eingetragen hatte, reagierte auf eine üble und unsach-

Gosenflasche als Souvenir aus einer von Leipzigs berühmtesten Gosenschänken

liche Kritik in den ,,Leipziger Neuesten Nachrichten'' mit einer Postkarte an den Kritiker Dr. Steinitzer:

Ich sitze auf dem kleinsten Ort des Hauses und habe ihre Kritik vor mir, gleich habe ich sie hinter mir!

Weil wir gerade vom anekdotenträchtigen Max Reger sprechen, sei diese nicht verschwiegen: Dem trinkfrohen und trinkfesten Musiker brachte der Kellner im ,,Landsknecht'' die Rechnung über 13 Liter Kulmbacher. Reger reklamierte: ,,So viel trinke ich nie! Ich hab nur zwölf, und meine Alte — oans!''

Durst wird durch Bier erst schön, behaupten in Holz gebrannte Sprüche hinter Kneipentresen. Offenbar ist Bier aber auch ein bevorzugtes Studienobjekt Leipziger Studenten gewesen. Jedenfalls wußten sie ein Lied davon zu singen:

Leipzger Breyhan schmeckt mir nicht
Und der Rastrum ist noch schlimmer,
Aber Leipzger Frauenzimmer,
Daß verlohnt sich noch der Müh.
Dieses macht auff meinem Munde
Manch versüstes Zuckerspiel,
Daß ich es in einer Stunde
Mehr als 10 mahl kosten will.

Braunschweig darf sich weiter nicht
Auf die Mumme so befleißen,
Denn die Mümchen hier in Meißen
Sindt weit beßer zugericht.
Kuhschwantz, Breyhan, Garley, Goße
Komt bey mir gar selten an,
Wer zu Jehna auf der Roße
Sein Paargeldt versauffen kan.

Mordt und Todtschlag bleibt und liegt,
Denn wir müßen sterben alle
Und was nutzt der Puff zu Halle,
Wenn man sonsten Büffe kriegt.
Wittenberg mag Guckguck sauffen,
Denn der Guckguck komt sonst wol,
Wann sie uns in Haber lauffen,
Daß man Hanrey werden soll.

Merseburg, die liebe Stadt
Mit den weitberümbten Spitzen,
Bleibt mit ihren Biere sitzen,
Daß so schöne Nahmen hat,
Denn will man sich paucken laßen,
Will man gerne gschwollen seyn,
Nehme man mit großen Maßen
Dießes Bier zum Schlafftrunk ein.

(CHRISTIAN WEISE, 1701)

Vielleicht liegt es an den wenig poetischen Namen unserer heutigen Biere, daß auch die Bierpoesie dünner geworden ist. Über die im Lied besungenen Biersorten war folgendes in Erfahrung zu bringen:

Braunschweiger Mumme war ein gutes Braunbier.

Kuhschwanz hieß das Tangermündische und Delitzscher Braunbier.

Breyhan, auch Broyhan, war ein Weißbier und wurde in Halberstadt und Hannover gebraut.

Garley hieß das Braunbier aus Gardelegen.

Gose war das hochberühmte Weißbier aus Goslar.

Puff aus Halle war ein kräftiges, aber ungesundes Bier.

Kuckuck aus Wittenberg war berauschend und stark blähend.

Mord und Totschlag waren Merseburger Biersorten.

1746 erschienen „Curieuse und sehr lustige Supplemente des angenehmen Zeitvertreibs und vielfältigen Vergnügens auf dem weltberühmten Lustsaal des sogenannten Brandvorwergs ohnweit Leipzig". Das darin enthaltene alphabetisch geordnete Bierverzeichnis erklärt u. a.:

Leipziger Rastrum,
ein besonderes Ehestands-Frauenzimmer-Bier,
sonderlich, wenn es auf Bouteillen gefüllet wird

Andernorts erfährt man, wie das Bier zu seinem merkwürdigen Namen gekommen ist: Rastrum = Hacke oder Karst.

Das Leipziger Braunbier werde zwar auch gern getrunken, es führe aber einen schändlichen Namen,

Werbung Anno 1908

Rastrum, welchen ihm sein Bruder „Studium" gegeben habe, ... weil, gleichwie die Bauern mit Spaten, Hacken und Karsten den hart gewordenen Erdboden umstürzen, ebenso dieses Leipziger Bier die Eingeweide durch seine Essigsäure in Bewegung setze, angreife und verderbe.

Gerechterweise, und um nicht die altehrwürdige Universitas litterarum Lipsiensis in den Ruf eines Saufkonvents zu bringen, muß gesagt werden, daß die Studenten durchaus auch andere Dinge im Kopf und

---

Die Lage einer fremden Gegend kennen,
Der Städte Pracht und ihre Nahmen nennen,
Ist nichts als blosse Theorie,
Allein in Städten hübsche Mädchen küssen,
Des Dorffes Bier und seine Stärke wissen,
Ist practische Geographie.

(LEIPZIGER STUDENTEN GEOGRAPHIE, 1773)

---

auf dem Herzen hatten. Ein ordentlicher Student hatte sein Liederbuch; handgeschrieben — versteht sich. Es war üblich, diese Bücher an untere Semester zu vererben, wenn man von der Universität ging. Auf diese Weise wurde ihr Liederschatz oftmals über Jahrzehnte angereichert.

Eine Liederhandschrift, die in den Jahren von 1683 bis 1695 drei Leipziger Studenten zusammengetragen haben und die heute in der Handschriftensammlung der Österreichischen Nationalbibliothek in Wien aufbewahrt wird, verrät im Lied No. 2, daß seinerzeit sechs Semester durchaus zum Sex-Appeal des Studenten gehörten:

Strophe 7

Studiren ziemet stets und durch Studiren
Sindt uns die Jungfern holdt, daß kan man spühren
Wenn man im Rosenthal mit Lust spatzieret
Und an der MarmorHandt die Liebste führet.

Nun ist Sangesfreude aber kein studentisches Privileg. In einer sich entwickelnden Musikstadt gehört sie zu den Grundbedürfnissen aller Einwohner. Getreu der Devise „Jedem Deutschen seinen Verein" konnten die Leipziger nicht so unorganisiert darauflosträllern, es wurden Gesangvereine, Liedertafeln, gegründet. Am Matthäikirchhof wohnte Karl Friedrich Zöllner, von dem eine Gedenktafel sagte, daß er „zum kräftigen Liede die deutschen Männer scharte". Unbestritten, da ist gesungen worden: schön und laut, mit viel Ernst, zum Spaß und natürlich satzungsgemäß. In den Satzungen der ersten Leipziger Liedertafel, gegründet am 24. Oktober 1815, findet sich der beziehungsreiche Paragraph:

Ein gesundes Mitglied darf ohne allgemein anerkannte Gründe nicht vor elf Uhr weggehen.

In der Musikstadt erblühte eine Sangestradition, die in vielfältiger Weise bis heute Früchte trägt. Ein „Gesellen-Gesangsverein", zu dem sich „mehrere

Schuhmachergesellen, des öden Herbergslebens überdrüssig", zusammengefunden hatten, ließ sich 1845 zum ersten Male hören. Das Repertoire umfaßte nicht, wie man vermuten könnte, nur Handwerksburschenlieder, sondern vor allem anspruchsvolle Männerquartette. Liedertafeln und Gesellen-Gesangsvereine sangen zwar oftmals dieselben Lieder, aber eben aus verschiedener Kehle und für verschiedene Ohren. In einem Brief an seine Schwester Fanny schreibt Felix Mendelssohn Bartholdy:

... habe ich mich gestern Abend über das 25jährige Stiftungsfest der Liedertafel erbost, als ob ich ein ganz kleiner Junge wäre. Es wurde so falsch gesungen und noch falscher gesprochen, und wenns recht langweilig war, so wars im Namen des „deutschen Vaterlandes" oder in der „alten deutschen Weise".

In den Vororten Leipzigs wuchsen die Fabriken, ihr Klirren, Kreischen, Stampfen und Hämmern ließ wohl kaum den Gedanken an Musik aufkommen. Dennoch, oder gerade deswegen popularisierte die Leipziger Frauenrechtlerin Louise Otto-Peters in einem Aufsatz von 1847 diesen sicher gut gemeinten Vorschlag:

In jeder Fabrik sei ein Vereinigungssaal, in diesem eine Orgel, des Morgens beim Kommen der Arbeiter ertöne ein Choral, bei ihrem Fortgehen ebenfalls. ... Das einfache Choralsingen würde zu weiteren Schritten führen und binnen Kurzem eine Volksliedertafel zur Folge haben. Es ist nothwendig, daß an dieser Alle Theil nehmen, welche in der Fabrik beschäftigt sind, also auch die Kinder und die weiblichen Arbeiter. Wie immer, fragt es sich auch hier, auf wessen Kosten ein solches musikalisches Institut in's Leben treten soll. Unmöglich können die Arbeiter etwas, und sei es auch noch so gering, zu diesem Ende ablassen. Wenn sich die Fabrikherren von dem materiellen Vortheil, der ihnen daraus erwächst, überzeugt haben, so werden sie gewiß diese Verpflichtung übernehmen. Die Sehnen der Arbeiter würden sich spannen, sie würden die Fittige ihres Geistes zu regen suchen und innerlich wie äußerlich stark werden. Tausende wären auf diese Weise in Wahrheit vereint und so wie sie musikalisch zusammenwirken, mit demselben Eifer würde dies auf dem Boden geschehen, der ihnen das tägliche Brot giebt.

Der Leipziger Arbeiterbildungsverein war um jene Zeit (1865) das Schoßkind der Leipziger Bourgeoisie, die damals noch den Liberalismus ernst nahm. ... Die Eindrücke waren so günstig, daß mein Entschluß schon am ersten Tag gefaßt war. Ich blieb und habe es nie bereut. Das Terrain konnte nicht günstiger sein. Mit Ausnahme höchstens von Hamburg war nirgends in Deutschland eine größere Empfänglichkeit für die sozialistischen Lehren.

(WILHELM LIEBKNECHT, UM 1875)

Für die Arbeitergesangvereine war Kunstausübung auch politische Arbeit — prompt wurden sie nach der Achtundvierziger Revolution durch Regierungsverordnung aufgelöst. Unter anderem Namen sangen sie aber weiter, und auch jetzt nicht zum Zeitvertreib, wie man in den Erinnerungen des wohl prominentesten Vorsitzenden eines Leipziger Arbeitergesangsvereines nachlesen kann:

AUGUST BEBEL, Aus meinem Leben:

In Leipzig fand im August 1863 das allgemeine deutsche Turnfest statt. ... Ich nahm ebenfalls insofern an jenem Feste teil, als unsere Sängerabteilung, deren Vorsitzender ich nach dem Austritt Fritzsches geworden war, mit den übrigen Gesangsvereinen Leipzigs die Gesangesaufführungen in der Festhalle ausführte. Im Oktober desselben Jahres fand auch die fünfzigjährige Feier der Schlacht bei Leipzig statt. Dieses Fest war in seiner Art noch weit großartiger als das Turnfest. Es wurde ebenfalls zu großen politischen Demonstrationen benutzt. Hier wirkte ich wieder als Angehöriger unserer Sängerschar mit.

Leipzigs berühmteste Sängerschar ist und war der schon 1212 gegründete Thomanerchor; eine Zierde der Stadt, ein Stern am Musikhimmel. Zierde der Stadt? In dieser Frage gab es durchaus entgegengesetzte Meinungen. Im Tagebuch des schwäbischen Studenten Samuel Baur, der im Mai 1791 die Messe besuchte, ist zu lesen:

Bei Hillern war ich ganz in meiner Spähre, denn er ist ein alter offener Mann. ... Er ist jetzt Cantor an der Thomasschule, deren Einrichtung ich nicht kenne. Aber äußerst beleidigend fürs Auge und höchst unvernünftig ist es, daß alle Schüler dieses Gymnasiums beständig schwarze Kleider und — Perücken tragen müssen. Dies giebt ihnen ein unerträglich altkluges Ansehen.

Die Bemerkung über den Stern allerdings ist wörtlich zu verstehen, nicht nur metaphorisch. Am Himmel gibt es wirklich einen Stern, der seinen Namen den Thomanern verdankt. Der „Astronomische Jahresbericht 1924" enthält eine ganze Reihe neu entdeckter Himmelskörper. Einer davon ist der kleine Planet 13,6ter Größe, Nr. 1023, der zwischen Mars und Jupiter seine Bahn zieht. Seinen Entdecker, den Astronomen Reinmuth, hatte die „nie gehörte astronomische Präzision" der Thomaner so begeistert, daß er dieses Planetchen „Thomana" taufte.

Der vietnamesische Lyriker Nguyen Xuan Sanh besuchte im Jahre 1974 Leipzig. So wirkte die Bach-Stadt auf ihn:

BACHMUSIK AM ABEND

So zart bewegt der Wind die jungen Blätter,
daß sie im sanften Frühlingswetter
wie Boote, die am Ufer liegen,
den Abend leis zur Neige wiegen.

Still hängt herab das Haar der Weide,
die einer Harfe gleich am Wasser steht;
und durch den warmen Abend geht
der Morgen noch als Frau im leichten Kleide.

Dort aus der offnen Kirche tönt Gesang
und so belebend ist sein Klang,
daß aus des alten Meisters Lied
die Blume meines Traums erblüht.

Sie heißt mich warten, heißt mich lauschen,
wie jeder Ton im Blätterrauschen
als Echo erdwärts wiederkehrt.
Und wie ein Blick zum Abendstern auffährt,

so fliegen grüne Töne von der Erde auf.
Wie eine Sprache, den Menschen wohlvertraut,
dringt der von Leidenschaft und Hoffnung zarte Laut
empor in die Region, wo der Gestirne Lauf.

Erstarrt sind alle ird'schen Nichtigkeiten.
Die Melodie, voll Leben, strebt nach Fernen.
Bachs Musik durchdringt die Zeiten —
und seine Stadt, sie spiegelt sich in Sternen.

Berühmtester Thomaskantor war Johann Sebastian Bach; Bach und die Thomaner — zwei Namen, die fast zu musikstädtischen Markenzeichen geworden sind. Thomaskantor und Thomanerchor, seit der Auflösung des Klosters im Jahre 1542 übrigens eine städtische Einrichtung, sind eine große Familie. Zum Familienleben gehört, daß es auch Geburtstage gibt und in diesem Zusammenhang in jedem Jahr erneut die schwerste Frage der Welt beantwortet werden muß: Was schenkt man Vater zum Geburtstag? Thomasvater Hans-Joachim Rotzsch, in der langen Liste der Kantoren übrigens der erste gebürtige Leipziger, bekam von seinen Jungs ein wahres Jahresgeschenk: Die Verpflichtung, ihm ein Jahr lang, wöchentlich einmal, das Auto zu waschen!

Nun haben Thomaskantoren aber auch „richtige" Kinder, die auch Geburtstag haben. Wenn man den Geburtstagsbrief von Thomaskantor Karl Straube an seine Tochter liest, kann man sich vorstellen, daß er auch den Thomanern ein guter Vater war.

Leipzig, den 3. April 1918

Meine liebste Liese!
Morgen ist also Dein Geburtstag, und dieses Mal muß ich mich richtig an meinen Schreibtisch setzen, um meiner Tochter einen richtigen, wohlgestalteten Geburtstagsbrief zu schreiben. Heute fällt mir das schwer, denn ich habe gestern abend mit Herrn

Johann Stridbeck: Thomaskirche, um 1700

Abendroth aus Köln und Justizrat Thiele gezecht und ich bin sogar — wenn ich nicht irre — mit einem kleinen Schwips nach Hause gekommen. Der Schwips hat mich aber nicht gehindert, den Gashahn ordnungsgemäß abzustellen. Aber denk einmal an — noch nicht eine Woche Thomaskantor und schon einen kleinen niedlichen Schwips; das ist doch furchtbar!! Bist Du nicht auch entsetzt? Seit Bachs Tagen hat man so etwas nicht erlebt. Seitdem sind alle Thomaskantoren würdige solide Herren; freilich, Bach selber war anders. Von dem können wir aktenmäßig nachweisen, daß er ein großer Esser und Trinker vor dem Herrn gewesen. So war der große Mann einmal in Halle, und zwar hatte er am 28. April 1716 mit dem damaligen Thomaskantor Johann Kuhnau, seinem unmittelbaren Vorgänger, und Christian Friedrich Rolle aus Quedlinburg die Orgel der Marktkirche in Halle zu prüfen. Und was haben diese drei Herren als Leibesstärkung zu sich genommen:

1 Stück Boeuf à la mode
Hechte
1 geräucherter Schinken
1 Assiette mit Erbsen
1 Assiette mit Kartoffeln
2 Assietten mit Spinat und Saucischen
1 gebratenes Schöpsen-Viertel
Gesottener Kürbis

Spritzkuchen
Eingemachte Zitronenschale
Eingemachte Kirschen
Warmer Spargelsalat
Kopfsalat
Radieschen
Frische Butter
Kälberbraten

und dazu wurden 44 Kannen Rheinwein und vier Kannen Frankenwein getrunken.

Bach war so erschöpft von der Leistung, daß seine zitternde Hand einen dicken Klecks machte, als er den Empfang dieser Leibesnahrung auf einem Papier bestätigte. Siehst Du, Bach war in allem groß, nicht nur im Passionen-Schreiben, sondern auch im Essen und Trinken. In irgend etwas muß ich ihm doch nachstreben, und da es mit den Passionen nicht gehen wird, so will ich es denn mit Essen und Trinken versuchen. Nur schade, daß der Krieg die Durchführung dieses löblichen Wollens nicht duldet. Nun lies dann aber noch einmal mit Liebe das schöne Menu durch; mit Boeuf à la mode beginnt es — mit Kälberbraten hört es auf; wie bei einer alten Sinfonie, der schwerste Satz ist der erste, das Finale nur ein leichtes Rondeau. Aber es klingt beinahe, als sei ich in der Zwischenzeit ganz materiell und esserig geworden, während Du nach hohen Dingen strebst und Dir das Hohelied der Geistesfreiheit anhörst.

. . .

Aber mit Schrecken bemerke ich, daß ich schon auf der vierten Seite bin, von allerlei Dingen, von Essen und Trinken, von Bachs Erdensinn und Schillers Idealismus rede, — nur nicht an den eigentlichen Zweck dieses Briefes, der doch ein Geburtstagsbrief sein soll, denke. Morgen wirst Du nun schon vierzehn Jahre, ein ganz großes Mädel. Da wünsche ich Dir denn von Herzen Gesundheit und Wohlergehen für das ganze kommende Lebensjahr, und daß Du an Leib und Seele gedeihen möchtest, in Deinen künstlerischen Zielen Fortschritte machst und in der Schule auch so viel fürs Leben lernst wie irgend möglich. Eigentlich wären das die Sprachen!... Nun grüße alle miteinander, besonders herzlich unser Muttchen, und empfange einen dicken, innigen Geburtstagskuß

von Deinem Vattchen

Nun glaube man aber nicht, die Thomaner, oder Thomasser, wie sie sich gern selbst nennen, wären nur auf musikalischem Gebiet erfolgreich! Sie sind auch wahre Sportskanonen! Ihre Fußballmannschaft „SC Thomas 1212" erkämpfte den Wanderpokal, der 1980 von den Kantoren des Leipziger Thomaschores und des Dresdner Kreuzchores gestiftet wurde. Die Kruzianer meinten anfangs: „Warum Wanderpokal? Der kommt nach Dresden und hier bleibt er!" Das Hinspiel, von dem die Zeitung „Neues Deutschland" berichtete, schien den Dresdnern Recht zu geben:

Einen seltenen „Sängerwettstreit" trugen Mitglieder des Leipziger Thomanerchores und des Dresdner Kreuzchores aus. Fußballmannschaften der beiden weltbekannten Knabenchöre trafen sich in Dresden, wo die Gastgeber einen 4:1-Erfolg errangen — und das, obwohl Thomaskantor Prof. Hans-Joachim Rotzsch seine Elf mit „Eigenkompositionen" auf dem Horn eifrig ansporrnte.

Doch das Rückspiel am 27. April 1980 im Leipziger „Stadion des Friedens" gewannen die durchweg jüngeren und leichteren Thomaner auf völlig aufgeweichtem Platz mit 5:0 Toren und konnten somit die begehrte Trophäe unter ihren grün-weißen Fahnen heimführen.

Trotz aller Erfolge, trotz aller Berühmtheit des Chores sind die einzelnen Mitglieder keine „stars". Es ist nur eine Minderheit der Thomaner, die die Musik zu ihrem Beruf macht. Vielleicht hat das seinen Grund darin, daß die Jungen schon sehr zeitig lernen, daß auch in der Musik Erfolge hart erarbeitet werden müssen.

Über die Härten des Musikerlebens ist zu allen Zeiten erzählt, geschrieben und gewitzelt worden. Der Klarinettist Henry Walther Bading hat die Erfahrungen eines Musikers hinterlassen, der niemals zu den „Großen" gehörte:

Gaststätte „Schweizerhäuschen" im Rosental

Es war also anno 1916. Eigentlich hatte ich sonst nur im Garten des „Panorama" nachmittags Konzert, wo es das wunderbare kühle „Lichtenhainer" gab und in der ersten Etage in Plastik das Panorama der Völkerschlacht bei Leipzig 1813 zu sehen war. Heute aber ging ich als „studiosus musicus" zum Konzert in das Gartenrestaurant „Bonerand", nicht als Gast, sondern stolz als Mitglied des Leipziger Tonkünstler-Orchesters mit großer schwarzer Künstlerschleife, im braunen Samtjackett und schwarzen Schlapphut. Zwar störte mich das Brüllen der Seelöwen vom Zoologischen Garten her, aber die vielen unverstandenen Frauen sollten mich bewundern und gestalteten solch ein „Kaffeeklatschkonzert" reizvoll. Unser kgl. Musikdirektor „Moppe", eigentlich hieß er Günther Coblenz, wollte auch bewundert sein. Seine schwarze Künstlermähne glich einem Mop, daher der Spitzname. So kletterte er im Frack mit einer Chrysanteme im Knopfloch, weißem Schlips, weißer Weste auf einen vor dem Musikpavillon stehenden Baum. Doch kaum hatte er auf einem Ast Platz genommen, entfiel ihm aus der Innentasche seines Fracks sein Musikinstrument. Erstaunt schaute er der kleinen Piccoloflöte nach. Unter Heiterkeit der

Gäste kletterte „Moppe" trotz seiner Korpulenz wie ein Pavian behende herab, um ebenso schnell mit seiner Pfeife in der Baumkrone zu verschwinden, denn das Orchester begann soeben das Vorspiel zu dem Musikstück „Die beiden Finken". „Ich bin ein Aas auf der Flöte", rief der „königliche" Solist, und schon begannen hoch oben in den Baumkronen zwei über $1^1/_2$ Zentner schwere Finken zu zwitschern.

Diese Mischung aus Musik und Akrobatik scheint doch recht effektvoll gewesen zu sein, und der „Meistro" ist zu Bewunderung und Beifall gekommen. Wie vergänglich aber Beifall und Publikumsgunst sein können, haben gerade in Leipzig viele erlebt. Albert Lortzing, der hier seine schönsten Opern schrieb, aufführte, teils selbst sang oder dirigierte und als Liebling des Publikums galt, schreibt in einem Brief vom 9. Februar 1835:

Überhaupt muß der liebe Gott ganz eigentümlicher Laune gewesen sein, als er das Leipziger Publikum erschuf. Was mich betrifft, so habe ich alle Ursache zufrieden zu sein; ich darf mich der Gunst des Publikums in hohem Grade erfreuen und lebe äußerst angenehm.

Zehn Jahre später, am 5. August 1845 liest es sich dann schon so:

Das hiesige Publikum hat mich höchst liebevoll entlassen; meine letzte Direktion war der „Wildschütz" — beiläufig bemerkt eine vortreffliche Vorstellung, oben und unten wirkte alles mit Liebe, des Beifalls und Herausrufens war kein Ende — ich muß aber mit Staberl sprechen: „Wann i nur was davon hätt'!" Wären anstatt der vielen Worte und des öfteren Teilnahme-Versicherns ein paar gewichtige Männer aus der Stadt zur Direktion gegangen, ihr bedeutend, man wünsche mein Dableiben allgemein usw., so hätte das vielleicht gefruchtet. Aber Worte! Worte! Worte! Das versteh'n die Sachsen!

Und nach weiteren fünf Jahren vertraut Lortzing sich seinem Freund an:

Der deutsche Komponist Albert Lortzing muß alle 8—10 Tage seine Familie verlassen! ihre geringe Barschaft reicht kaum so weit, bis er wieder etwas verdient hat! er selbst hat kaum so viel, um den Dampfwagen bezahlen zu können. Es ist nur dummes Zeug; aber es war mir ein schmerzliches Gefühl, zum ersten Male in meinem Leben den Silvesterabend ohne die Meinigen, sowie meinen 25jährigen Hochzeitstag fern von meinem guten Weibe zubringen zu müssen! Dazu die Strapazen bei solcher Kälte auf

Titelblatt eines Leipziger Liederbuches

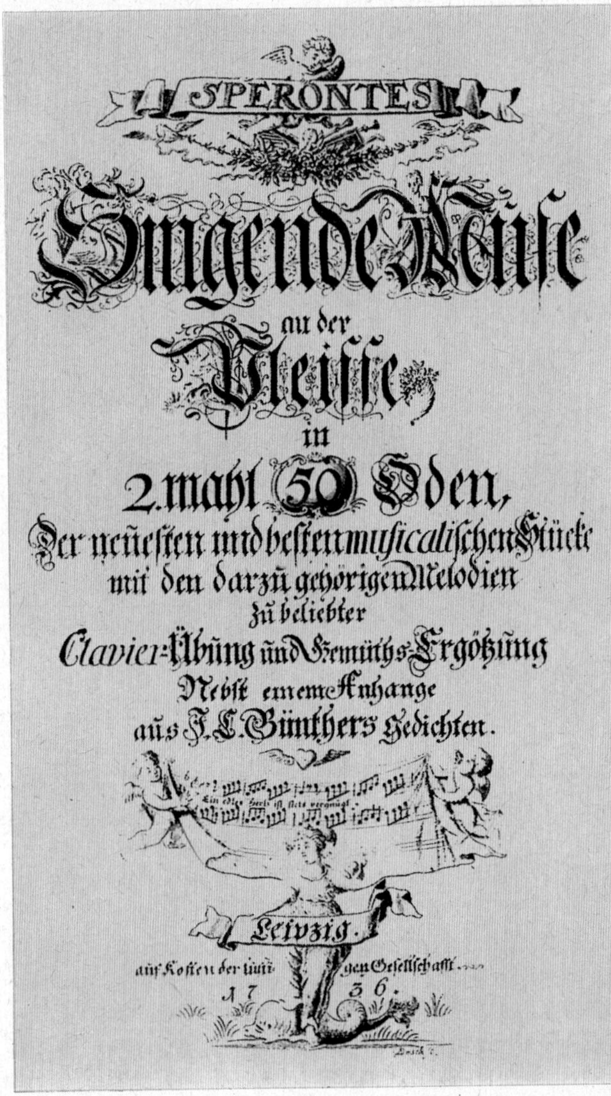

solchen kleinen Theatern und vor allem: der gräßliche Widerwille gegen das Komödiespielen! aber merkwürdig — alle Theater sind versessen drauf, an bedeutende habe ich noch gar nicht geschrieben, doch ich bin überzeugt, daß ich auch bei jenen willkommen bin und weshalb? nicht, weil ich der Schauspieler — nein, weil ich der Komponist Lortzing bin, und das ist eben das Bittere dabei.

Ein Jahr später, am 21. Januar 1851, stirbt Albert Lortzing in Berlin. Seine Frau resümiert die Leipziger Zeit mit diesen bitteren Worten:

..., und das allerkränkendste haben wir in Leipzig erfahren müssen; ach, mir schnitt es ins Herz; und wie ich hoffte hier, wo er so allgemein beliebt war, würden auch unsere pekuniären Verhältnisse sich freundlich gestalten, bricht nun das Allerschwerste auf uns herein.

Der große Bach, der in Leipzig mehr gelitten als geliebt worden ist, hat von seiner heutigen Verehrung und Bewunderung nichts gehabt. Vielleicht hat er gehofft, daß seiner Musik noch irgendwann ein Publikum erwachsen würde; hätte er sonst so rastlos gearbeitet? Daß Bach ins Bewußtsein der Leipziger gelangt ist, ist ein Verdienst des Komponisten und Gewandhauskapellmeisters Felix Mendelssohn Bartholdy; daß dieser die Bachsche Musik in seine (und unsere) Gegenwart retten konnte, ist ein Verdienst seines Lehrers Karl Friedrich Zelter. Dieser nämlich kannte die Musik noch und darüber hinaus einen Mann, der in seiner Jugend, von 1739 bis 1741, Thomaner und Orgelschüler Bachs gewesen war. An seinen Freund Goethe schrieb Zelter in einem Brief vom Januar 1829 eine mehr bittere als lustige Begebenheit, die erkennen läßt, woran Musikstädter die Größe eines Künstlers maßen:

Kirnberger hatte solch ein Bildnis seines Meisters, Sebastian Bach, das ich stets bewundert habe, in seiner Stube zwischen zwei Fenstern am Pfeiler über dem Klaviere hängen. Ein Leipziger bemittelter Leinwandhändler, der Kirnbergern vordem als Thomaner vor Vaters Türe vorbeisingen gesehn, kommt nach Berlin und auf den Gedanken, den jetzt namhaften Kirnberger mit seinem Besuche zu beehren. Kaum hat man sich niedergelassen, so schreit der Leipziger: „Ei mein Herr Gessus, da haben Sie ja gar unsern Kanter Bach hängen! Den haben wir auch in Leipzig auf der Thomasschule. Das soll ein grober Mann gewesen sein; hat sich der eitle Narr nicht gar in einem prächtigen Sammetrock malen lassen!"

Kirnberger steht gelassen auf, tritt hinter seinen Stuhl, und indem er ihn mit beiden Händen gegen den Gast aufhebt, ruft er, erst sacht, dann crescendo: „Will der Hund 'raus! 'raus mit dem Hunde!" Mein Leipziger, im Todesschreck, rennt nach Hut und Stocke, sucht mit allen Händen die Türe und stürzt auf die Straße hinaus.

Ein unbekannter, ungenannter Musiker wurde wegen seines Spiels in der Zeitung hart getadelt. Am 31. Oktober 1888 legten Kaiser Wilhelm II. und der sächsische König Albert gemeinsam den Grundstein für das „Reichsgericht". Was die Monarchen bei der Gelegenheit zu sagen hatten, ging im kräftigen Winde klanglos unter. Und die feierliche Andacht wurde von jenem unbekannten Pianisten schnöde zerstört. Die Zeitung meckerte:

Eine in der nahegelegenen Wächterstraße wohnende Familie bringt das Unglaubliche fertig, während der ganzen Feier bei offenem Fenster Klavier zu spielen. Beispielsweise hört man deutlich eine Galopp-Fantasie auf die Wacht am Rhein, in mehr als einer Hinsicht eine entsetzliche Taktlosigkeit, die natürlich die weihevolle Stimmung auf höchst peinliche Weise beeinträchtigte.

Schließlich sei noch von den Erfahrungen Erich Kästners erzählt, die er bei dem Versuch sammelte, einen ernsthaften Musiker zu bedichten.

NACHTGESANG DES KAMMERVIRTUOSEN

Du meine Neunte letzte Sinfonie!
Wenn du das Hemd anhast mit rosa Streifen ...
Komm wie ein Cello zwischen meine Knie,
und laß mich zart in deine Seiten greifen!

Laß mich in deinen Partituren blättern.
(Sie sind voll Händel, Graun und Tremolo.)
Ich möchte dich in alle Winde schmettern,
du meiner Sehnsucht dreigestrichnes Oh!

Komm, laß uns durch Oktavengänge schreiten!
(Das Furioso, bitte, noch einmal!)
Darf ich dich mit der linken Hand begleiten?
Doch beim Crescendo etwas mehr Pedal!

O deine Klangfigur! O die Akkorde!
Und der Synkopen rhythmischer Kontrast!
Nun senkst du deine Lider ohne Worte ...
Sag einen Ton, falls du noch Töne hast!

Dreißig Jahre nach der Veröffentlichung dieses Gedichtes erinnert sich Kästner noch der Folgen:

Im Jahre 1927, noch dazu im Fasching, war ... mein von Ohser illustriertes Gedicht „Nachtgesang des Kammervirtuosen" erschienen. ... Aber wir hatten nicht bedacht, daß 1927 das hundertste Todesjahr Beethovens war!

Die „Leipziger Neuesten Nachrichten" widmeten unserer „Tempelschändung" einen geharnischten Leitartikel und attackierten nicht nur uns beide, sondern auch die „Neue Leipziger Zeitung", die solche Frevler beschäftigte. Und am nächsten Tage saßen wir, von unserem Verlagsdirektor fristlos entlassen, verdutzt auf der Straße. Da fanden wir, daß es an der Zeit sei, nach Berlin auszuwandern.

Sicher ist Leipzig eine Musikstadt, sicherlich keine Musikerstadt. Ob kosmischer Erfolg, ob Rausschmiß, die „Singende Muse an der Pleiße" ist produktiv wie eh und je; im feinsten Gewandhaussächsisch (das ist, wenn Leipziger hochdeutsch sprechen) fordert sie durch den Mund des populären akademischen Kabarettisten Jürgen Hart auf:

Sing, mei Sachse, sing!
Es is e eichen Ding
Und ooch e tichtches Glick
Umdn Zauber dr Musik.

Eine kleine Stadtmusik um 1950

Rund-Sichten

Vorhergehende Seiten: Orgel und Thomasschule — Johann Sebastian Bach's Halt und Stütze; Kleiner Wachaufzug am Gohliser Schlößchen

Schicksalswürfel: Max Klingers Denkmalsentwurf für Richard Wagner

Spuren des ersten Auftritts im neuen Gewandhause

KULTURZENTRUM

Musikstadt: Wie die Alten pfeifen, so trommeln auch die Jungen

MUSEUM FUER GESCHICHTE DER STADT LEIPZIG

Straßenkonzert der Gruppe „Folkländer"

In Leipzig ist auch was los, wenn eigentlich nichts los ist.

(RUDI STRAHL, 1968)

MUSIK
APOTHEKE
LEIPZIG

(oben) Attraktionen für jedermann: Geschichten mit Musik ...

(unten) ... und Musik in der Geschichte

Nur noch im Theater anzutreffen: ein Marktmeister (der Schauspieler Friedhelm Eberle in „Das Jahrmarktsfest zu Plundersweilern", Goethe/Hacks)

Alle Jahre wieder: die Petersstraße, eine Messehauptstraße. Und das seit über 800 Jahren!

Ich komme nach Leipzig, an einen Ort, wo man die ganze Welt im kleinen sehen kann ... Ich lernte einsehen, die Bücher würden mich wohl gelehrt, aber nimmermehr zu einem Menschen machen.

(Gotthold Ephraim Lessing, 1749)

Betrieb, Betrieb bei Tag und Nacht: der Haupteingang zur Technischen Messe

Ein jährlicher Bestseller: der Messekatalog

Spee
WÄSCHT
FRISCH
SAUBER
GRÜNDLICH

SONDER-
ANGEBOT
Von Messe
Zu Messe
FILBUM
Das fetzt ein,
Egon!
3Dimensionale Marken
Hinterund is' In!

Vorhergehende Seiten: Kaufleute und „Sehleute" in der Hainstraße; Straßenkleinhandel mit Postkleinkunst

Die Kunst beim Handeln besteht darin, das zu verkaufen, was man hat

Diese und vorhergehende Seiten: Riesenrad und Riesenglück auf dem Rummelplatz „Kleinmesse“

Walzerfahrt
zum Mond

Leipziger Laut

Hans Reimann, ein Leipziger Schriftsteller und Kabarettist der zwanziger Jahre, hat das entdeckt: „Alles Sächsische muß laut gelesen werden. Dann erst wird's Sächsisch. Kaum liest man's laut (und melodisch), formen sich die apokalyptischen Buchstaben zu sinngemäßen, unsäglich sinnvollen Gebilden."

Zum Beleg dessen erzählt er eine Theatergeschichte:

Wir hatten da am Schauspielhaus in Leipzig eine Souffleuse, die Anna Petzold (Sie ruhe sanft!), und Anna bekam eines Tages ein Soufflierbuch in die Hand gedrückt, das war von Hans Bachwitz und mir, ein im Dialekt geschriebenes Lokalstück. Anna schmolz dahin, so hilflos war sie. Was sie zu soufflieren hatte, soufflierte sie in reinstem Sächsisch — einerlei, ob es ein Stück von der Waterkant war oder aus Anzengrubers Feder, ob von Schiller oder Bert Brecht. Anna soufflierte prinzipiell sächsisch. Hier jedoch, wo sich's um eine sächsische Sache handelte, war sie aufgeschmissen. Sie konnte mit dem schriftlich wiedergegebenen Dialekt ihrer Heimat nicht das mindeste anfangen, und so kam sie dann zu mir geflitzt und beschwor mich bei zahlreichen Heiligen, ich möge mich erbarmen und den Dialog in sauberes Hochdeutsch übersetzen — sie gelobe alsdann ihr scheensdes Säxsch zu soufflieren. Ich tat es, und Anna tat es, und wir schieden als gute Freunde.

Wenn „eingeborne" Leipziger beim Lesen ihrer Muttersprache schon derartig in Schwierigkeiten geraten, wie soll es da erst dem Fremden ergehen? Für das laute Lesen gibt Reimann noch einen wichtigen therapeutischen Hinweis: „Den Unterkiefer sanft vorgeschoben, lasse man die mysteriösen Vokabeln aus pseudosächsischer Gusche tropfen!" Als Übungs- und Verständigungshilfe diene ein

Leipzigisches Wörterbuch

barrbs, barrbsj	— barfuß
Bemmchen	— eine Scheibe Brot
Bäbbrmummbe	— feuchter Sand zum „Kuchenbacken"
bäbbrn	— vor Kälte zittern
beschnarrjn	— ansehen, auskundschaften, untersuchen
änne Bibbih	— eine Puppe
änne Bimml	— eine Klingel, Glocke; eine Straßenbahn
blähgn	— brüllen , schreien
Bliemjn	— dünner Kaffee (so daß man die „Blümchen" auf dem Tassenboden sehen kann)
Boobser	— Po
boofn	— schlafen
bubj	— dürftig, ärmlich
Deebs	— Radau, Unsinn

didschn — tauchen, tunken (z. B. Brötchen in Kaffee)
digschen — schmollen
Draasch — Aufregung
Dräggschlaider — Schandmaul
dreeschen — stark regnen
faggn — nachlässig hinwerfen
folljn — gehorchen
fijjelannd — die typisch sächsische Pfiffigkeit
fuchdj währn — wild werden, zornig werden
Gaage — eitriger Pickel an der Lippe
Gacksch — Spaß, Jux, Vergnügen
Gägge — Frosch
Gangkr — Spinne
Gelummbe — Sachen, Kleidung, Hausrat
gniedjn — maulen, meckern, nölen
gnuggrn — Steigerungsstufe zu ‚gniedjn'
Goglmoosch — Papierkorbinhalt, auch undurchschaubare Angelegenheit
gogln — mit Feuer spielen
grohsmohblich — hochnäsig, arrogant, angeberisch
Gusche — Mund
Haabjn un Baabjn — mit Sack und Pack
ä häbbjn — ein bißchen
häggrn — klettern
Horrnsje — Kämmerlein, winzige Wohnung
illrn — spähen, beobachten
Knäwwrzjn — Hände oder/und Füße
Kriemlgähse — Nichtigkeit, Bagatelle
Lorrge — Kaffee-Ersatz
meffn — unangenehm riechen, stinken
Mährde — Umstände machen
Modschegiebjn — Marienkäfer
mohschn — mit etwas liederlich umgehen
Muuzljn — Fussel
Nähme — Plural zu: Name
Nährle — Haarknoten, Kauz
Nibbs — Kopf
Norrwln — Kot von Schafen, Ziegen, Kaninchen, aber auch von Hunden
neinwärjn — etwas mit Gewalt hineinstecken
Nuudsch — Gummisauger, Nuckel
Raatz — Riß
Rannziehglas — Opernglas, Fernglas
schärwln — tanzen
sei Schdärbjn machn — sterben
Schdärze — Topfdeckel
Schdärrzl — Baumstumpf
Schlaatz — Schlitz
Schmieche — Zollstock
schnärrblich — schmuck, apart
's schnorrbsd — es geht zügig voran
Schussl — Rutschbahn im Schnee
schwabbrn — kleckern
Wärrjl — kleines Kind
zuhause — nach Hause
änne zuiche Dier — eine geschlossene Tür

Weil die Leipziger aber „fijjelannd" sind, wußten sie mit dieser Schwierigkeit fertig zu werden. So erschien schon im Jahre 1858, mithin 22 Jahre vor der Herausgabe des „Duden", ein

ORTHOGRAPHISCHES HÜLFSBUCH
zum Gebrauche der
Schriftsetzer und Correctoren
in der Offizin von
F. A. Brockhaus in Leipzig.

Der Gebrauch einer Sprache führt zu Einsichten, die für Außenstehende fremdartig und undurchschaubar bleiben. Nur dem Eingeweihten erschließen sich Wortbedeutungen und sprachetymologische Zusammenhänge. Im Schaufenster eines Leipziger Friseurs stand ein Schild mit der Aufschrift:

PRIMA
echtes Klettenöl!
DAS BESTE
zum Kletten der Haare!

Sgehd

„Nu wie gehds dnn, wemmr fraachn darf?"
„Ach, ich dangke, sgehd."
„Nada gehd jes."

Leipziger, mit der Feder von George Grosz, 1921

Der exotische Zungenschlag der Leipziger hatte seinerzeit auch die Aufmerksamkeit des Studenten Goethe erregt und ihn offenbar so stark beeindruckt, daß er sich noch in jenem Stadium seiner Dichterlaufbahn, das es ihm ermöglichte, einen Sekretär, den Herrn Eckermann, bezahlen zu können, an die hiesigen Sprachmerkwürdigkeiten lebhaft erinnern konnte:

Man sollte kaum glauben, daß sie B, P, D und T überhaupt für verschiedene Buchstaben halten, denn sie sprechen nur immer von einem weichen und einem harten B und von einem weichen und einem harten D und scheinen dadurch stillschweigend anzudeuten, daß P und T gar nicht existieren. Aus einem solchen Munde klingt dann Pein wie Bein, Paß wie Baß und Teckel wie Deckel. Eine hiesige junge Sängerin, die das T vom D nicht unterscheiden konnte, hatte neulich zu sagen: „Ich will dich den Eingeweihten übergeben." Da sie aber das T wie D sprach, so klang es, als sagte sie: „Ich will dich den Eingeweiden übergeben." Wenn einer das P und B nicht unterscheidet und ausrufen soll: „Packe ihn an!" aber statt dessen ruft: „Backe ihn an!" so ist es abermals lächerlich!

Natürlich gab und gibt es auch Leute, die die Leipziger Laute nicht lächerlich oder gar zum Lachen finden. Der sensible österreichische Dramatiker und Erzähler Franz Grillparzer muß darunter geradezu gelitten haben:

Die Sprache der Sachsen beleidigt mein Ohr. Ein Österreicher kann mit seinem Jargon einem Fremden bäurisch vorkommen, die Sprache dieser Leute aber ist unleidlich. Sie ist unmännlich, geckenhaft, wie von und für Kopflose. Alle scharf denkenden und lebhaft fühlenden Nationen sprechen nicht so schnell (das tun die Sachsen im Übermaß) als abbreviert. Sie ziehen zusammen, verschlucken einen Teil der Buchstaben, z. B. Franzosen und Engländer, aber die Leute dahier dehnen jede Silbe, verlängern jedes Wort, hängen überall ihr Lieblings-E an, so daß ihre Sprache endlich ein förmliches Mäh, Mäh wie von Schafen wird.

Ein Landsmann Grillparzers, der Schauspieler Joseph Anton Christ, hat die sprecherzieherischen Ambitionen des Leipziger Theaterpublikums zu spüren bekommen:

Ostern 1774 machten wir uns zur Reise nach Leipzig fertig. Hier muß ich sagen, war mir meines Dialektes wegen nicht wohl zumute. Ich gab mir alle Mühe, gut deutsch zu lernen. Demungeachtet kam mir doch manchmal so ein österreichisches Wort zum Vorschein. In einem Lustspiel hatte ich als Onkel im letzten Akt zu sagen: „Nun, liebe Kinder, die Heirat ist ja zustande gekommen, ehe wir sie alle gewünscht haben", nur daß ich statt „gewünscht" „gewunschen" sagte. Kaum war das Wort heraus, so hörte ich aus dem Parterre hundertstimmig: „gewunschen, gewunschen, gewunschen". Ich erschrak,

Großes Wiener Affen-Theater.

Mit hoher Genehmigung wird
Heute, Donnerstag den 21. April 1836,
Unterzeichneter die Ehre haben,

Eine große Vorstellung

von bewundernswürdigen Fertigkeits-Uebungen, Kunstreiterei, Seiltänzen mit und ohne Balancierstange, allerlei künstlichen Wendungen, Voltigen und komischen Scenen durch Affen und Hunde auszuführen.

Erste Abtheilung.

Die reisende Gesellschaft oder die Auswanderung aus Brasilien,

durch mehrere Affen und Hunde dargestellt.

1) Ein äußerst komisches Soupée, wobei mehrere Affen, jeder mit seinem Couvert bei Tische sitzend, essen und trinken, und ihr ausgeleertes Glas wieder hinstellen. Ein anderer Affe bedient sie als Kellner und servirt denselben das Essen und Trinken.

2) Eine komische Scene: Die beiden Tänzer als Spinnerinnen.

3) Der Mago oder Mandril, welcher sich besonders auszeichnen wird, indem er ein großes Militair-Manöver ausführt und mit dem Violinspiele endigt.

4) Eine komische Scene der Madame Batavia, wie sie ihre Toilette hält, und sodann mit Kutscher und Bedienten spatzieren fährt.

Zweite Abtheilung.

5) Ein Affe als Seiltänzer: derselbe springt und tanzt auf dem gespannten Seile mit u. ohne Balancier-Stange, trägt eine brennende Pyramide im Maule u. springt mit zwei Fahnen in den Tatzen über Bänder und Stühle

6) Der Invaliden-Hund Caro wird auf den Vorderfüßen gehen, auf drei und zwei Füßen, dann von einer Seite wechseln.

7) Der Spatziergang der Madame Pombadour begleitet von ihren Bedienten mit der Laterne.

8) Wird sich der Afrikaner Goko auf einem Schwungseile mit großer Fertigkeit produciren, er wird sich vor und rückwärts drehen, einen Matrosen vorstellen, dann mehrere Equiliber zeigen, zum Schluß die Windmühle vor- und rückwärts machen, und dann durch seinen Kameraden Babascho Kries als Schubkarrenfahrer abgeführt werden.

Dritte Abtheilung.

Die Eroberung der Veste Kakomirum.

Eine pantomimisch-dramatische Scene, dargestellt von mehreren Hunden und Affen.

Dieses Werk wird sich nicht nur durch die Geschicklichkeit der vierfüßigen Künstler, sondern auch durch ganz neue Costumes, Maschinerien und neue imposante Dekoration auszeichnen. Bei dem Geläute der Sturmglocke, dem Wirbeln der Trommeln, dem Geheul der Verwundeten, und während der stärksten Kanonade stürmen diese vierfüßigen Krieger auf steilen Leitern die Veste, wo dann die Tapfersten die Fahne erobern.

Zum Beschluss.

Der Brand und Einsturz der Veste, wobei das Theater mit verschiedenartigen Feuer beleuchtet wird.

Preise der Plätze. Erster Platz 8 Ggr. Zweiter Platz 4 Ggr. Dritter Platz 2 Ggr.

Billets, nur an dem Tage der Vorstellung gültig an welchen sie gelöst werden, sind von Morgens 9 Uhr an, an der Casse zu haben. Kinder in Begleitung der Eltern zahlen mit Ausnahme des letzten Platzes die Hälfte.

Einlaß um 3 Uhr. Anfang um 4 Uhr. Der Schauplatz ist in der großen Bude vor Reimers Garten.
Es werden die Messe hindurch alle Tage Vorstellungen gegeben.

Heinrich Schreier.

Die Herren Zuschauer werden höflichst ersucht, in der Bude keinen Tabak zu rauchen.

trat an die Rampe vor und sagte mit einer ehrfurchtsvollen Verbeugung „Gewünscht haben" und das ganze Parterre applaudierte.

Die vielen Fremden, die durch Leipzig kamen, nahmen sich gern ein Sprachsouvenir mit nach Hause. So war es bald Usus, daß man überall, wo immer man etwas besonders komisch sagen wollte, dies sächsisch zu sagen versuchte. Weil dadurch die Muttersprache der Sachsen natürlich böse verhunzt wurde, traten auch ihre Verteidiger auf den Plan.

Diesen Sprachschützern war dabei aber nicht etwa an der Rechtfertigung ihrer Mundart gelegen, mit fast missionarischem Eifer erklärte einer den Fremdsprachlern sogar die Feinheiten des Sächsischen mittels einer gereimten Sprachlehre:

Verwahrung eines Leipzigers
gegen den falschen Gebrauch seiner Mundart

Johannes Poeschel

Nee, das geht mer drieber nieber,
Was mer jetzt uns bieten dhut,
So ä alwernes Gelawre
Bringt mich fermlich noch in Wut.

Werd wohl eener *engel'sch* dichten,
Hat er nich derzu ooch's Zeig?
Awer unsre scheene Sprache,
Die, denkt jeder, gann er gleich.

Schreibt da eens: „An *meene* Waschfrau",
Habt 'r so was je geheert?!
Nee, das geht mer drieber nieber,
S' hat mich gradezu embeert!

Ihr meent, wenn 'r ee fer ei sagt,
Und fer au da sagt 'r oo,
Hält mer eich fer richt'ge Sachsen.
Nee, 's is lange noch nich so!

Baßt jetzt uff, was ich eich sage,
Schreibt's eich hinder eire Ohr'n
Oder laßt mit säch'schen Verschen
Ginft'g uns lieber ungeschor'n.

Wißt 'r, wer de nich von kleen uff
Unsre Sprache gennt, der errt.
Lern'n muß der un Biecher wälzen,
Bis er'sch endlich weise werd.

Nämlich, wo de *alden* Deitschen
Schon gesagt ham ei un au,
Da nur heeßt's jetzt hier zu Lande
ee und oo, merkt's eich genau!

Awer wo se frieher sagten
u un i, da sprechen mir
au un ei nu äben grade,
Seht 'rsch grade so wie ihr.

Wenn 'r zählt, sprecht *eens* und *zwee'e*,
Dann gommt awer *dreie* dran,
Un wer *„meene"* sagt statt *meine*,
Na, der zeigt äm, was er gann!

Kleeder macht der *Schneidermeester*,
Reesen, doch *zerreißen* sprich,
Steene ham mer viel in Sachsen,
Geene „Schweene" ham mer nich!

Laufen dhun mer nich, mir *loofen*,
Un fer *auch* da sag' mer *ooch*,
„Soofen" awer dhut gee Sachse,
Un fer Bauch spricht geener *„Booch"*.

Seefe braucht mer, *Feife roocht* mer,
Niemand *„schnoobt"* sich — mit *Verloob*,
Awer leicht verwechseln gannste
Eechenloob und *Eegenlob*.

So, nu wißt 'rsch! Wenn 'r widder
Säch'sche Versche machen dhut,
Schießt nich widder solche Becke,
's bringt mich werklich sonst in Wut!

Die Kleinen, die von klein auf die Muttersprache ihrer Väter gelernt haben, verstehen auch, ideenreich damit umzugehen. Offenbar sind heute aber schon die Kleinen ein wenig hochdeutsch verdorben, so daß Mißverständnisse in ihren Gesprächen nicht immer auszuschließen sind.

Des Leipzigers letzter Wille

(Th. Th. Heine)

„Gindèrsch, eens mißt 'r mir in dc Lamäng versprechen: under fufz'ch Mark därft 'r mei Bedde an geen Meßfremden vermieden!"

Zeichnung des Leipzigers Thomas Theodor Heine aus dem „Simplizissimus"

Leipziger Kindermund

Uffn Dohmassr Därrmjn,
sidzd ä Wärrmjn
midd änn Schärrmjn.
Gahm ä Schdärrmjn
schmisses Wärrmjn
middsamsdn Schärrmjn
von Dohmassr Därrmjn.

Ein Leipziger Mädchen vertraut ihrer Freundin an: „Du, wass'ch dr noch saachen wollde, ich wohne jedsd bei meiner Dande. Die hadd achdnsäjjzj zähne."

„Achdnsäjjzj Zähne? So viel hadd doch gee Mensch!"

„Das iss doch dähr ihre Dellefohnnummer!"

Unterhaltung zweier Leipziger Jungen auf dem Schulhof:

„Saache ma, Dohmass, was machdn dei Vader?"

„Meiner? Bredjn."

„Da iss dei Vader wohl Bäggr?"

„Ä-näe, der machd nich Bredjn, der dhut bredjn."

Die Lehrerin sagt im Unterricht zu den Schülern einer ersten Klasse: „Heute wollen wir uns über ein Land unterhalten, das sehr weit von uns entfernt liegt. Es heißt Angola. Wer von euch hat schon einmal etwas von Angola gehört?"

Nach einer kleinen Überlegungspause meldet sich Lykke-Marein Meyer: „Mein Babbie sachd immer: An Gola genndch mich doodsaufne."

Die Leipziger sind durch Generationen auf internationalen Zulauf trainiert und haben eine in offenen Vokalen und erweichten Konsonanten angetragene, durchaus mit Erwerbssinn verknüpfte Gefälligkeit und Gastlichkeit ausgebildet, die es ihnen ermöglicht, auch den geringsten Raum noch zur Erfrischung und Erquickung der Zugereisten zu nutzen. Das eigene Schlafzimmer räumen und alles tun, um's den Messegästen angenehm zu machen — die Stadt zeige uns einer, wo es das ein anderes Mal gibt.

(Richard Christ, 1974)

Auf Schwierigkeiten mit der Orthographie führt Hans Reimann auch die Entstehung des Namens „Leipzig" zurück. Überhaupt meint er, daß man den Namen der Stadt weder „Leipzig" noch „Leibzig" richtig schreiben könne, man müßte dem Alphabet dafür einen neuen Buchstaben hinzufügen: das „Bepe" þ.

In seinem romantischen Märchenspiel „Wie die Stadt Leipzig entstanden ist" (1921), können wir das Gespräch der Ureinwohner belauschen:

Haupthahn	Also schreib: „Heide Gomma dn Neinzähndn Gomma frieh um achde" — s wärd wohl unngefähr schdimm — „im Jahre Neinfuffzj nach Grissdi Gebuhrd beschlossn die dähn in Schgeididz schdaddgefundn Gemädzl" — hassdes? — „beschlossn die dähn Gemädzl endronn Saxn ... beschlossn, enne Schdadd zu grindn". Ja, saachd emmah, wie wolln mr denn nuh eejendlich das Ding bediddeliern?
Griemichen	Nennd se doch Berlin!
Haupthahn	Das iss doch gee Nahme fr enne Schdadd!
Der alte Bibbj	Ohdr Machdeburj!
Haupthahn	Mensch, enne Großschdadd gannsde doch nich „Machdeburj" doofn.

(Nachdem die Personen noch eine Weile gestritten haben, kommt ein Einwurf von:)

Frau Lehmann	Das bleibdsj eegal!
Griemichen	Was bleibdsj eegal?

OMNIA VINCIT
LABOR

Frau Lehmann Wie mr die Schdadd bediddelieren!

Haupthahn Wassr nuhr midd Eirn bleedsinnijen „Sbleibzj eegal" habbd!

Frau Lehmann Sbleibzj doch awwer ooch wärglich eegal!

Der kleine Bibbj Nennt doch das Ding eefach „Sbleibzj eegal"!

Hauptmann Weißesgodd, gahrnich dumm!

Griemichen Bloß ä häbbjn langk.

Haupthahn Da nenn mersch eefach „Bleibzj"! Griemichen, schreibs uff'! Schreib uff: „,... unn beschlossn, enne Schdadd zu grindn, die se „Bleibzj" nanndn."

Griemichen Wie schreibdsjn das? Middn harrdn ohdr middn weechn B forne?

Haupthahn Wohär soll ich den das wissn?

Der alte Bibbj Schreibs, wiede willsd. Das bleibzj eegal.

Griemichen Ich gann doch nich schreim, wenn ich nich weeß, wies geschriem werd!

Haupthahn Da laß doch das dämliche B weck unn schreib eefach „Leibzj"!

Natürlich kam auch viel Sprachgut in die Stadt hinein. Kaufleute und Studenten brachten es mit, von den Einwohnern wurde es aufgenommen und verwertet wie Geld und andere Waren. Zwei Kosenamen der Stadt, „Pleiß-Athen" und „Klein-Paris", künden vom internationalen „Fludschum" Leipzigs. Darüber, wie die Leipziger mit seiner Muttersprache umgingen, spottete ein französischer Student im vorigen Jahrhundert. Er sagte, daß die Mädchen hier glauben, sie müssen unbedingt „colliers" tragen, weil jeder Hund ein Halsband trüge. In Paris aber trägt jeder Hund ein „collier"!

Venezianisches Zitat: die Glockenmänner

Die Pleiße, das ist gar kein Fluß mehr, das ist nur noch das Reimwort.

(KABARETT „ACADEMIXER", 1975)

Ein intimer Kenner beider Städte empfindet auch bei intimen Dingen deutliche Unterschiede. Davon erzählt die tschechische Schriftstellerin Květa Koževniková in ihrem Reisebilderbuch „Im Rückspiegel":

Ich erinnere mich, daß es in Leipzig regnete. Der Regen war wie durch ein Haarsieb geseiht und duftete fast, denn es war Frühling. In dieser Stadt gab es eine unbegreifliche Vielzahl an Wäschegeschäften, hinter deren Scheiben Unterröcke, Hemdchen und Höschen in allen Farben des Regenbogens schwebten, so daß eine Affinität der Straßen zu der weißen Intimität des häuslichen Wäschewaschens entstand. Über all der Wäschepracht thronten Büstenhalter: Alle waren strahlend bis stechend weiß,

und alle hatten ausgestopfte Körbchen oder umspannten irgendeine Venus von Milo, von der alles, aber restlos alles abgehackt war bis auf die vollen und völlig reglosen Brüste, die selbstsicher in die Straße glotzten. Verblüffend war, daß alle diese Büstenhalter groß waren (ich wage nicht, die Nummern auszusprechen) und sich in den Auslagen sehr stolz, ja kampflustig ausnahmen. Hier zielten zwei Spitzengranaten den Fußgängern kalt ins Auge, dort wieder breiteten sich zwei erhabene Kuppeln nutzlos aus wie der Tempel eines Großwesirs. Manche sahen aus wie die leeren Eierschalen eines Riesenvogels, in anderen atmeten unheilschwanger vorbereitete Geschosse, noch andere waren so gut gestärkt und mit so vollkommenen Geschirren versehen, daß sie trotz der Zartheit ihres Gewebes eher an den Teil einer hygienischen Rüstung erinnerten als an den raffinierten Freund dieser ach so bebenden, ach so wogenden, warmen, lebendigen zutraulichen, sehnsüchtigen und rosaäugigen Brüste!

. . .

Auch in den französischen Wäschegeschäften dominieren die Büstenhalter auf ihre Art, aber sie dominieren eben und thronen nicht. Vielleicht deutet diese kleine Nuance an, was der Büstenhalter in einem Land ist, das ganz bestimmt seine Wiege und Urheimat war, mögen die Historiker der Bekleidung auch zu irgendeinem anderen gelehrten Schluß kommen.

Das grundlegende Kennzeichen, das das Wesen dieses lieblichen Geräts in Frankreich bestimmt, ist seine Fähigkeit, ganz individuell zu sein oder wenigstens so zu tun. Ich kann mich nicht erinnern, daß dort irgendwo Heerscharen weißer Zwillinge, geordnet nach Größe, Rang, Wert oder auch Jahrgang ausgestellt gewesen wären. Im Gegenteil. Möglichst zierliche Exemplare dieser Ware werden einzeln und so reich an Scharfsinn und Liebe ausgestellt, wie nur die Hand eines Goldschmieds Ringe auf die Samtunterlage legt.

Klein-Paris, das sich auch gern Pleiß-Athen nennen ließ, geziemte es wohl auch, sich klassischsprachig zu schmücken. Wenn schon nicht orthodoxes Griechisch, so doch wenigstens humanistisches Latein!

Der löbliche Vorsatz des hausbauenden Rates, hart in der Sache, sanft in der Art und beständig im Geiste sein zu wollen, steht in Amtslatein so weit oben am Neuen Rathaus, daß ihn offenbar noch kein Leipziger gelesen hat, denn es gibt keine volksmundgerechte Übersetzung des kernigen Spruches FORTITER IN RE — SVAVITER IN MODO — CONSTANTER IN SE.

Anders verhält es sich mit der Umschrift der Blauen Uhr am Rathausgiebel. Zur Uhr muß man notgedrungen öfter mal sehen, da guckt man sich gleich noch ein bißchen Bildung an. Zu lesen ist MORS CERTA — HORA INCERTA.

Da es den lebensfrohen Leipzigern verständlicherweise unangenehm ist, jeden Uhrenblick auch an das Ablaufen der Lebensuhr erinnert zu werden, übersetzt man das hier so: TOTSICHER GEHT DIE UHR FALSCH.

Das Losungswort der Glockenmänner auf dem Kroch-Hochhaus, OMNIA VINCIT LABOR, welches besagt, überall siege die Arbeit, variieren die Leipziger, nicht minder stimulierend, zu OMNIA VINCIT AMOR.

Wenn auch die Leipziger Mundart besonders in Berlin bespöttelt und sogar verlacht wird, so kann man sich durch Augenschein davon überzeugen, daß es auch Berlinerinnen gibt, die während der Leipziger Messe sexeln.

Die blaue Uhr am Neuen Rathaus

MORS CERTA
HORA IN CERTA

Ein-Sichten

Naschmarkt

Vorhergehende Seite: Der „Uni-riese" aus der Froschperspektive

Arkadisches Leipzig

Talstraße Nr. 10: Florentinische Haustür

Folgende Seiten: Einblick ins Innenleben; das Meißner Glockenspiel in der Mädlerpassage

MÄDLER-PASSAGE
GRILL

PETERSSTRAS
CAPI

Passagen-Ausgang

Laden-Eingang

Fassadenzierat: Gründerzeitliche Supraporta und altes Hauszeichen von „Stromers Hof" (Auerbachs Keller)

Postnistkästen

Rochlitzer Porphyr ist bewährt
Im Feuer und im Regen,
Kein Wetter hat ihn je versehrt,
Fest hält er allerwegen.

(LEIPZIGER MAURERSPRUCH)

12 30 28
HERMELIN-VERLAG

Altes Haus mit noch älterem Portal (Lortzingstraße); neueres Haus mit altem Hauszeichen (Große Fleischergasse)

VOLIERE

Leipzig hat einen offenbaren Vorzug vor Dresden, nämlich die wunderbare Anzahl hübscher Mädchen.

(FRANZ GRILLPARZER, 1826)

Folgende Seiten: Verständnisinnig lächelt Goethe ... zu den Launen der Verliebten

Malereien: Chic im Schilderwald; im Urteil der Eva: Arno Rinks „liegender Akt“

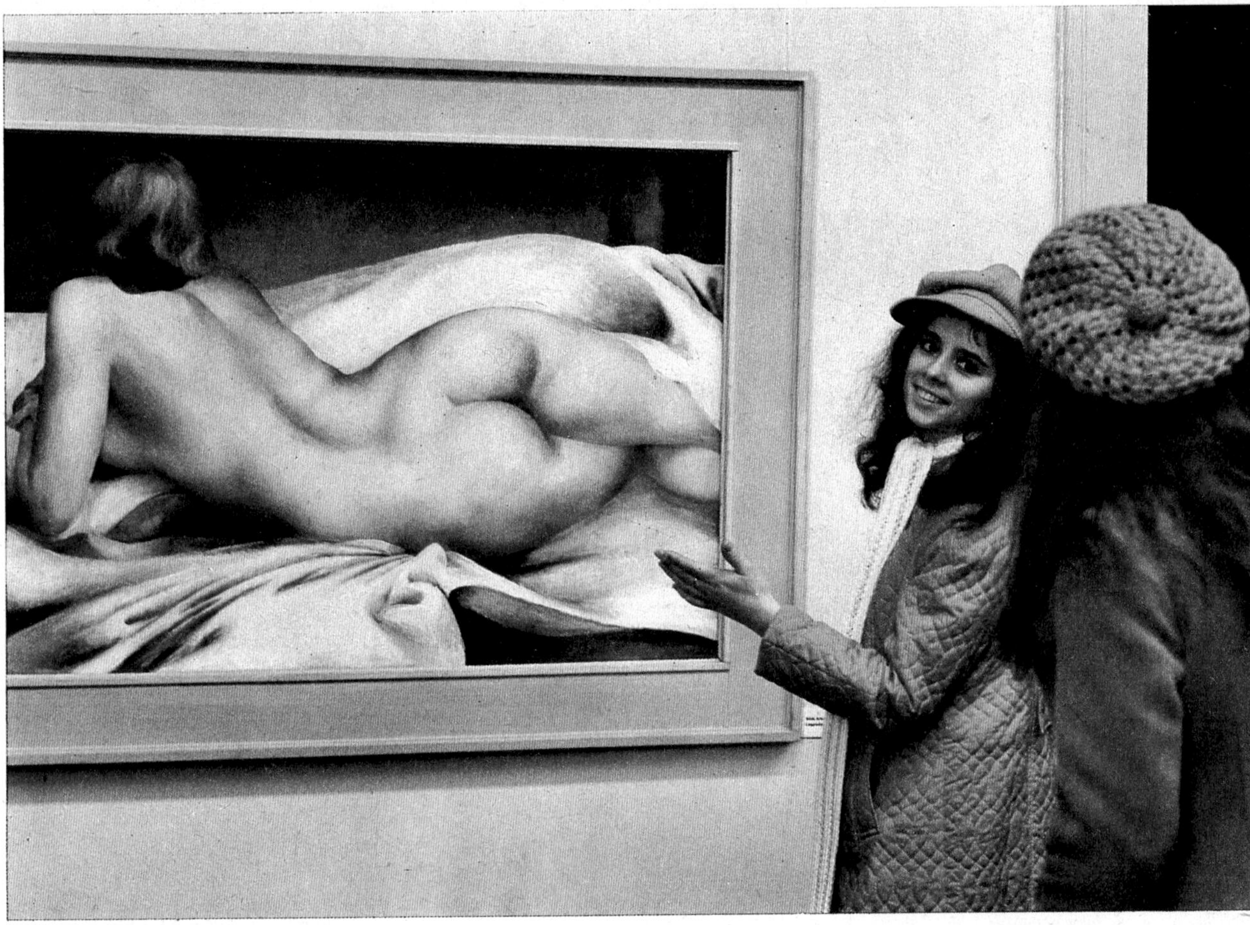

Der vielen und verschiedenen Fremden wegen, die jährlich eine Universität und ein Handelsplatz herzuziehen, müssen wir uns verschiedentlich bilden, wir suchen einem jeden zu gefallen, und – sollten Sie es glauben? – wir gefallen oft den wenigsten.

(FRIEDERIKE OESER, 1770)

Folgende Seiten: Modenschauen: Hüte 1949 – Pelze 1980

Hut-Modenschau
Hut-Modenschau

selbst öffnen
und schließen

Leipziger Lieb

Auf die Frage „Warum wir Leipzig lieben?" antwortete der Türmer des gerade erbauten Neuen Rathauses im Jahre 1906 so: „Weil es nicht Dresden ist!" Man kann der Antwort entnehmen, daß da unterschwellig so eine Art Spannungsverhältnis zwischen den beiden Städten bestanden haben mag. Dresden war die Hauptstadt. Und Leipzig das ökonomische, finanzielle, liberale und freigeistige Zentrum des Sachsenlandes, das Klein-Paris, die heimliche Hauptstadt. Wenn auch in dem im Jahre 1692 in Ulm erschienenen Atlas „Kurtz-bündige Abbild- und Vorstellung der gantzen Welt" von „Meissen" behauptet wird: „Die Haupt Stadt war weiland Meißen, nachgehends Leipzig, anjetzt aber Dresden", so ist doch Leipzig erst durch das „Gesetz über die weitere Demokratisierung des Aufbaus und der Arbeitsweise der staatlichen Organe in den Ländern der DDR" vom 23. Juli 1952 zur „Hauptstadt", zur Bezirkshauptstadt, avanciert. Die sächsischen Kurfürsten und Könige haben die Stadt wohl nicht sonderlich geliebt, aber das beruhte auf Gegenseitigkeit. Die Leipziger hatten durch die Messen so vieles um die Ohren, daß sie den Landesherren zwar als geschäftsbelebenden Messegast willkommen hießen, ihnen seine ständige aufwendige Gegenwart aber lästig gewesen wäre. So reduzierten sie ihre Liebesbeziehungen zur Hauptstadt auf das rein Geschäftliche; wenn die Regentschaft Geld brauchte, klopfte sie bei den Leipziger Bankiers an.

Offizielle Haltungen scheinen auch auf die Bürger abzufärben. Nun galt Sachsen ohnehin seit alters als das Land, „wo die schönen Mädchen auf den Bäumen wachsen". Vielleicht kommt daher die Redensart, Leipziger Mädchen und Borsdorfer Äpfel würden nicht eher rot, bevor man sie aufs Stroh lege. Vorzüglich in Leipzig, wo man Güte und Preis so vieler Dinge prüfte, um herauszufinden, ob sie auch hielten, was Anpreisung und Augenschein versprachen, wollte man auch wissen, wie es um die Wahrheit jener Sprüche über die Leipziger Mädchen bestellt war. Für diese müssen die Scharen von „Wahrheitssuchern" eine erhebliche Belastung gewesen sein. Kommt doch so ein Dienstfahrtcasanova nach Leipzig, und die erste Frau, die seinen Weg kreuzt, ist das Zimmermädchen im Hotel. Auf seine durch Bänkelsang, oder welche Medien auch immer, aufgeregte Phantasie wirkt diese Konstellation enorm stimulierend. So verströmt sich der forsche Forscher erst einmal in einen brünstigen Brief:

O lieber Baron,

wie sehnte ich mich nach sanfter Ruhe.

Ein Stubenmädchen erschien, überzog mein Bette mit einem weisgewaschnen Ueberzug, ach! und nur ihre Hände allein hättest du sehen sollen, warlich du wärest dem artigen Mädchen in ihrer Arbeit ein Beispringer geworden, denn so viel schöne, runde, volle und emporstrebende Reize sah ich noch nie; Himmel! wie mußte ich meine Philosophie weidlich anspornen, gewiß! sie lag sonst in wenigen Augenblicken sammt meiner dickbrüstigen Schöne mitten im weiß überzogenen Bette, und preßte sich an den hebenden Schenkeln der schmachtenden Ueberzieherin zu einer Realdefinition des wahren Erdenglücks und seiner Freuden. Aber ich siegte, und bin noch heute stolz auf meinen Sieg, — das arme Mädchen sah mir noch so unschuldig, und — vielleicht hätte ich gar eine Blüthe vergiftet.

Morgen verändere ich mein Logis, und werde hoffentlich, so lange auch mein Aufenthalt hier dauern mag, ununterbrochen im Hotel de Baviere wohnen. Doch ehe ich noch zu diesem Schritte eile, will ich zuvor genau meine Ueberzieherin sondiren; ist das Mädchen noch rein und tugendhaft, wie ich vermuthe, so mag ich warlich nicht der erste Mörder ihrer Unschuld seyn; sollte sie aber wirklich schon von der Ursach unterrichtet seyn, warum ihre Spaltung gerade zwischen den Füßen und nicht eben so gut am Ermel sitzt, nun dann mag immerhin mein System sich seiner Bürde entledigen, und auch über eine Nichtphilosophin eine Ladung daherschütten, die die Fühlbare überzeugen soll, wie schön das Studium der Kritik uns für das auferlegte Fasten dann belohnt, wenn wir wie ich, nach Monatsfrist aus ihren Kriterien uns einmal heraus- und in diejenigen Höhlen der Natur einwühlen, wo man auch ohne Terminologien einzudringen vermag, worein der Dumme, wie der Kluge sich findet, wo Kriegsknechte ihre Säbel schleifen und Handwerksburschen ihre Instrumente wetzen.

Der in seinen „Terminologien" wenig zurückhaltende Reisende verschweigt, wie die Geschichte ausgegangen ist. Das läßt, wenn schon nicht tief blicken, so doch weit ahnen. Die Leipziger Mädchen wissen nämlich recht gut „ihre Spaltung, so sie unter ihren Nasen tragen", zu gebrauchen! Es läßt sich vorstellen, wie die dickbrüstige Schöne den schmalbrüstigen Schönling vermittels ihrer „säx'schen Gusche" niedergemacht hat, daß ihm Hören und Sehen vergangen ist. Immerhin nannte er das Büchlein, in dem er anno 1799 seine Briefe veröffentlicht hat, „Leipzig im Taumel".

Daß der massierte männliche „run" auf die Leipziger Mädchen nicht immer erfolglos und damit folgenlos blieb, läßt sich denken. Mutter und Tochter „reden" miteinander:

„Nu saachämmahl, Mähdjn — was issn eijndlich los middihr?"
„Ich weeß ni, Muddr."
„Wie issn das bloß gegomm?"
„Ich weeß ni, Muddr."
„In wiefiehldn Mohnadd issisdnn?"
„Ich weeß ni, Muddr."
„Ja, um Goddeswilln — währissen dr Fahdr?"
„Ich weeß ni, Muddr."
„Jädz weeß die nichmahl, währ dr Fahdr iß!"
„Wännjn sähe, gännjn widdr."

Für all diejenigen, die der Meinung sind, daß immer nur die Frauen „den Dummen" machen oder „die Gestraften" seien, sei hier als Gegendarstellung eine alte Geschichte aus Leipzig erzählt:

Der schwarze Bruno

war ein Mönch, der vor langer Zeit, als Meißen noch die Hauptstadt von Meißen war, dort in einem Kloster lebte. Da er wiederholt sehr irdisch-weltlich-fleischliche Dinge trieb, die seine klösterlichen Dienstvorschriften durchaus nicht vorsahen, mußte er bestraft werden. Der offenbar sehr sittenstrenge und darum unkundige Abt zog Bruno nicht etwa aus dem Verkehr, nein, er schickte ihn in die Verbannung, in die Wüste, nach Leipzig. Bei allen Heiligen diesseits und jenseits der Elbe! Das war eine Strafe so recht nach Brunos Geschmack. Das meißnische Babel forderte den ganzen Bruno, so daß er bei der Verrichtung unumgänglicher Klosterdienste neue Bestzeiten erzielte. Seine meißnischen Landesrekorde im Rosenkranzbeten riefen Neider und Bewunderer auf den Plan, die das Geheimnis der Bruno-Methode kennen und anwenden wollten. Zu des schwarzen Brunos Pech lernten sie das Geheimnis kennen. Nicht from-

Ein Leipzische Jungfraw.

ZV Leipzig hat es Jungfrauwen/
Die lassen sich warlich schauwen/
Von Angesicht gar wol gestalt/
Ihr Zucht mir für andern gefalt.

Ihr Red ist oberauß lieblich/
Ihr Geberden gantz säuberlich/
Darzu sind sie gezieret auch
Zum besten nach Meichsnischem Brauch.

Aus Jost Ammans Frauentrachtenbuch von 1586

mer Eifer trieb ihn an, nein, der schnöde fleischliche Hebel war's. Nach dem Strafgericht des Bischofs war Bruno so klein, daß er in eine Flasche paßte. Und diese grub man, damit die Geschichte ein für allemal aus der Welt sei, 19 Fuß tief in die Erde ein.

Das könnte tatsächlich das Ende des schwarzen Bruno und der Geschichte gewesen sein; aber Leipzig, die pulsierende Metropole des Welthandels, wuchs und wuchs. In die Breite, in die Höhe, in die Tiefe. Neue Häuser wurzelten in der Erde. Eines trüben Tages wurde beim Ausschachten eine merkwürdige Flasche gefunden. Der Bauherr hatte da einen Freund, der Antiquitäten und überhaupt alten Kram sammelte. Für hilfreiche Handreichungen beim Bau bekam er die Bouteille als freundschaftliches Draufgeld. Wie erstaunt aber war der Bauherr, als die Flasche am Abend wieder an ihrem angestammten Platze stand. War sie dem Freund als Handgeld zu gering? Nichts half; weder verschenken, noch verkaufen. Regelmäßig kehrte Bruno in seiner Flasche auf den ihm zugewiesenen Platz zurück. Was soll's, sagte der Hausherr, und im Keller, unter der Treppe, dort, wo es am dunkelsten ist, wurde die Flasche versteckt.

Die Jahre wuchsen und welkten, die Besitzer des Hauses wechselten und der Kellergast war abermals vergessen. Nun fügte es sich, daß ein nachmaliger Hauseigentümer eine ebenso schöne wie neugierige Tochter hatte. Als sie eines Tages den Keller durchstöberte, konnte Bruno sie im sanften Kerzenlicht sehen: Wie das goldlockige Haar wallte, wie das Mieder bebte, wie — nun, was man eben so alles zu sehen bekommt, wenn man unter der Kellertreppe hockt. Bruno fing in seinem Glashaus regelrecht zu glühen an! Das geheimnisvolle Leuchten erregte die Aufmerksamkeit des Mädchens; sie zog das Gefäß aus seinem Verlies und rannte damit zum Vater. „Schau nur, Vater, was für ein goldig leuchtend Dingelchen ich gefunden habe. Wie lustig es auf und ab hüpft", rief, ganz atemlos, das Mädchen. „Schenk mir das schöne Tierchen, ich will es in der Nacht zum Leuchten an mein Bett setzen." Beim Gedanken an diese Perspektive wurden Bruno die Knie ganz weich. Die quirlige Freude der Tochter erregte sofort des Vaters Mißtrauen, und als er sich die Flasche näher besah, wurde auch sein elterliches Langzeitgedächtnis aktiviert: Da war doch was? Sicherheitshalber nahm der Vater dem Mädchen die Flasche weg, sie sollte ruhig weiterhin mit einer Kerze zu Bett gehen. Als die Nacht am schwärzesten war, nahm der Vater die

Flasche, knüpfte ein Stück schweren Eisens daran, trug sie vor die Stadt und warf sie in die Pleiße, dort, wo sie am tiefsten ist. Das hat selbst der schwarze Bruno nicht überlebt, jedenfalls ist er seither weder in Leipzig noch sonst irgendwo gesehen worden. Aber das Beispiel, Dinge, die man dauerhaft los sein will, vor der Stadt in den Fluß zu werfen, hat bis auf den heutigen Tag eifrige Nachahmer gefunden.

Wie in jeder guten Geschichte bleibt unerzählt ein geheimnisvoller Rest: Wie mag das Mädchen den Verlust des eben erst gefundenen Schatzes verwunden haben? Mehrere Möglichkeiten sind denkbar. In einer der schönen alten Kinderkalendergeschichten wäre die Tochter dem Vater um den Hals gefallen und hätte vor Freude geweint, weil sie „vom Bösen" errettet worden sei. Eine moderne Reaktion könnte so aussehen: Frustriert vom Unverständnis der etablierten Generation für die Probleme der Jugend, läuft das Girl von zu Hause weg und zieht als Sekundärrohstoffsammlerin durchs Land, immer die Hoffnung im Herzen, eines Tages die Flasche der Flaschen wiederzufinden. Wahrscheinlicher jedoch ist eine Reaktion, die zwischen diesen beiden Extremen liegt: Irgendeine Flasche werde ich schon mal finden.

„Alte Heuwaage", Ritterstraße Ecke Brühl

Doch gerade die Geschichten über „unglückliche Lieben" und „Entsagung" haben die Volksseele zu allen Zeiten am meisten gerührt. Wenn alte Leipziger heute durch den Clara-Zetkin-Park gehen, dessen der Stadt nächstgelegener Teil Johanna-Park heißt, und dort am Denkmal des alten Seyfferth vorüberkommen, das von Wind und Wetter und den Steinwürfen jugendlichen Übermuts blessiert ist, denken sie bisweilen: Recht geschieht's ihm! Von der Ursache solch grimmiger Gedanken erfährt man in den „Jugenderinnerungen eines alten Leipzigers":

Seyfferth überwies den Park der Stadt mit der Bestimmung, daß derselbe zum Gedächtnis an seine ... verstorbene älteste Tochter Johanna Natalie für alle Zeiten die Bezeichnung Johanna-Park führen solle. Im Volke wurde und wird noch diese Schenkung irrigerweise mit dem Schicksal und dem Tode der jüngeren Tochter Seyfferths in Verbindung gebracht. Diese Tochter, die aber eben nicht Johanna, sondern Gertrud hieß, hatte sich nämlich in einen stattlichen jungen Leutnant ... verliebt. Dem Vater sagte diese Verbindung jedoch nicht zu (wie man sich erzählte, hatte er Bedenken, weil der junge Offizier ein Recontre mit einem Zivilisten gehabt, bei dem er den Säbel gezogen und den Zivilisten verwundet hatte), und er verweigerte deshalb der Tochter seine Genehmigung zu ihrem Verlöbnis. Die Tochter begann hierauf zu kränkeln, und der besorgte Vater rief alle ärztlichen Autoritäten herbei, um seinem Kinde die Gesundheit wiederzugeben. Aber alle ärztliche Hilfe versagte, die Kranke siechte immer mehr dahin, bis schließlich einer der Aerzte den geheimen Herzenskummer des jungen Mädchens entdeckte. Er offenbarte dies dem Vater und riet *demselben, um seine Tochter zu retten, seine Einwilligung zu deren Verlobung mit dem jungen Offizier zu geben. Nunmehr überwand der Vater alle Bedenken und beschloß, den Herzenswunsch seiner Tochter zu erfüllen. Da es kurz vor Weihnachten war, bescherte er dem jungen Mädchen den Geliebten unter dem Christbaum. Die Freude und das Glück Gertruds waren natürlich sehr groß, und schon glaubte man, daß dieselbe wieder aufblühen werde. Aber ihr inneres Leiden war bereits zu weit fortgeschritten, und sie starb schon acht Wochen später im Alter von $24^{1}/_{2}$ Jahren (1865). Im Volke erzählte man sich nun, daß Seyfferth, der sich über den Tod dieser seiner letzten Tochter nie zu trösten vermochte, aus diesem Anlaß seinen hinter der Weststraße gelegenen großen, schönen Park der Stadt unter dem Namen Johanna-Park vermacht habe, was aber, wie wir gesehen haben, unzutreffend ist. Dagegen setzte Seyfferth bei seinem später erfolgten Tode den hinterlassenen Bräutigam seiner Tochter, der bis dahin unvermählt geblieben war, zum Universalerben seines großen Vermögens ein.*

Statt der Braut — das Vermögen; auch daran zeigt sich, daß Leipzig zuerst „Geschäftsstadt" war. So ist es nicht verwunderlich, daß auch das Geschäft mit der Liebe ein prosperierender Gewerbszweig der Stadt war. Nach Hamburg war Leipzig die Stadt, in der die „freien Töchter" oder „wilden Frauen", wie sie hier auch genannt wurden, am zahlreichsten anzutreffen waren. Der zuvor schon erwähnte Briefschreiber scheint auch diesem Metier auf den Grund gegangen zu sein:

Ich komme auf den Hauptprodukt, das ganz vorzüglich die Leipziger Messen verschönert, auf die Legion inn- und ausländischer, schöner und minder schöner, geputzter und zerrissener, parfümirter und barfüßiger, reiner und angesteckter Freudenmädchen, welche alle nach Standes Gebühr und Würden sich bemühen, junge und alte Wollüstlinge in ihre Venuswinkel einzuladen.

O! lieber Baron, so viel niederträchtige Geschöpfe

Geborgener Grabstein im Grassimuseum

und verworfene Mädchen jeder Art wirst du wohl nie antreffen, als zur Zeit der Messe in Leipzig. Die meisten derselben kommen aus unserm lieben Berlin, aus Dresden, Frankfurth, Dessau, Halle, Jena, kurz aus allen Theilen der Welt versammelt sich diese giftige Brut. Abends wimmelts auf den Straßen von diesen Freudennimpfen in Corsets und Saloppen. Da steht eine an der Ecke und giebt mit einem hämischen Husten oder einem freundlichen guten Abend, die Loosung. Wer sich will finden lassen giebt Antwort, der Handel ist fertig.

Nun kricht man mit dem artigen Schäfgen in einen nahen Winkel, oder meldet sich auf dem Markte bei den Wächtern der Buden, diese öffnen die Thüre einer Butike, man schlupft hinein, und der Kampf der Liebe beginnt.

Aus jüngerer Zeit wird berichtet, daß nach der Einweihung des Hauptbahnhofes, im Jahre 1915, auf einem dabei befindlichen Parkplatz des Abends mehrere Droschken abgestellt wurden, die, obgleich die Pferde ausgeschirrt waren, bei Nacht von zahlreichen Verkehrsteilnehmern erheblich frequentiert wurden. Möglicherweise entstand dabei die heute noch verwendete amtsdeutsche Bezeichnung für Parkplatz: Einrichtung des ruhenden Verkehrs. Wenn jedoch heutzutage eine Dame tascheschwenkend am Hauptbahnhof auf und ab promeniert, will sie damit garantiert nichts anderes signalisieren, als daß mal wieder alle 1 616 automatischen Schließfächer belegt sind.

Der amerikanische Arzt und Dichter William Carlos Williams, einer der Säulenheiligen der modernen Lyrik, studierte von 1908 bis 1909 in Leipzig. Der wegen seines „fotografischen Gedächtnisses" gerühmte Mann gewährt uns in seiner Autobiographie einen diskreten Blick in das Leipziger Leben jener Zeit:

Da war ich nun mutterseelenallein in der alten sächsischen Metropole, mein erster Blick galt den Lokalzeitungen mit den Annoncen „Zimmer zu vermieten". Nach Konsultation meines Geldbeutels landete ich irgendwo, ich weiß nicht mehr genau wo, in der Wohnung einer Frau, die zunächst auch einen guten Eindruck auf mich machte. Dann jedoch kam ich dahinter, welche Bewandtnis es mit den abendlichen Unterhaltungen mit ihrem „Cousin" im Wohnzimmer hatte. Sicher war es in jenen Tagen in Leipzig nicht einfach, sich seinen Lebensunterhalt zusammenzukratzen.

. . .

Aber eines Nachts gabelte ich ein junges Straßenmädchen mit meiner stockenden Frage auf: „Gehen Sie ganz allein?" Ich dachte mir, daß ich nun endlich etwas erleben würde. Natürlich war sie allein. Und als wir in das große, in vollem Licht strahlende Restaurant gingen, verdrehten sich alle Gäste den Hals nach uns. Ich glaube, sie war stadtbekannt. Sie wünschte Champagner, doch als ich mich auf nicht mehr als Bier einlassen wollte, eine weitere Gelegenheit, in der Armut zur Tugend beiträgt, ließ sie mich einfach am Tisch sitzen und hängte sich an eine Truppe Südamerikaner. Niemals werde ich vergessen, wie sie das machte. Sie bat mich um zehn Pfennige für die Toilette und setzte noch hinzu: „Aber Sie sind wie ein Professor." Ich weiß nicht, vielleicht war sie irgendwie erschrocken, jedenfalls kam sie nicht zurück. Ich war ganz froh, daß ich sie wieder los war. Damit hatte ich endgültig genug von Leipzig.

Worüber seine champagnerbesessene Begleiterin möglicherweise erschrocken war, hat der stille Amerikaner nicht wissen können, denn die „Verhaltungs-Vorschriften für die in der Stadt Leipzig der sittenpolizeilichen Aufsicht unterstellten weiblichen Personen" hatte er bestimmt nicht gelesen. Dort stand nämlich, daß das „Wechseln von Tisch zu Tisch" nicht gestattet sei, damit schön der Anschein bürgerlicher Wohlanständigkeit gewahrt bliebe. Strafandrohungen und Verbote galten nicht etwa der Ausübung des „ältesten Gewerbes", es bestand nur eine Art „Werbeverbot".

§ 1

Den der sittenpolizeilichen Aufsicht Unterstellten ist verboten:

1. Das Heraussehen durch die Fenster ihrer Aufenthaltsräume oder der Haustüren, so daß sie von außen wahrnehmbar sind;
2. das Wohnen in Räumen, deren Fenster nicht mit dichten, das Durchblicken von außen verhindernden Vorhängen verschlossen sind; ...
4. das übermäßige und auffällige Erleuchten ihrer Wohnungen, sowie das Anbringen bunter Laternen oder anderer auffälliger Abzeichen von ihnen; ...
13. das Stehen vor, in oder hinter den Haustüren, sowie das Sichherumtreiben vor den Häusern, das Anlocken von Männern, sei es durch Worte und Laute oder durch Zeichen und Gebärden, wie Winken, Anlachen, scharfes Ansehen und dergleichen, sowie das Abgeben von Visitenkarten oder Photographien an Männer; ...
19. der Zutritt zum Rosental, Johannapark, Albertpark und Scheibenholz; sowie das Verkehren auf den Fußwegen der städtischen Waldungen;
20. der Besuch des Rennplatzes zur Zeit der Rennen;
21. das Betreten des Nikolaikirchhofes, des Thomaskirchhofes, des Matthäikirchhofes, des Marktes, des Naschmarktes, der Goethe-, Schiller-, Grimmaischen- und Petersstraße, sowie der in diese Ortsteile einmündenden Straßen, Häuserdurchgänge und überdeckten Passagen in einer Entfernung von 50 Metern von der Einmündungsstelle an; bei etwa *notwendigen Gängen* in dem vorbezeichneten Ortsgebiet ist ein *beschleunigter* Schritt einzuhalten. ...

Es gab in Leipzig auch niedergelassene Liebeshändlerinnen, die in kleinen Kolonien beieinanderwohnten. So galt um die Jahrhundertwende die Redewendung: „Ein Leipziger weiß nicht, wo das Goldhahngäßchen liegt — falls ihn jemand danach fragt." In der Moritzstraße standen drei „Häuser" beieinander, die in dem Ruf standen, die „teuersten" zu sein. Sie hießen „Der graue Mops", „Der grüne Teufel" und „Der blaue Affe". Letztgenanntes wurde von Walter Mehring sogar bedichtet:

Zum blauen Affen

Souvenir de Leipzig

Wir wohnen in einem piekfeinen Geschoß.
Es ist kein Kloster — es ist kein Schloß.
Flur, rechts die Türe — das Fleisch ist schon lüstern —
du hörst's schon flüstern ...

Wir sind acht Damen und sind immer froh.
Das Leben ist sauig — das ist nun mal so!
Wir wandeln, lobsingend lauter Psalmen,
ganz bloß — unter Palmen

Wir haben eine Mutter, die lenkt das Geschick,
die legt aus den Karten unser Glück
und schenkt uns Seide und Kreuzlein-Agraffen
im Blauen Affen

Wir ha'm keinen Weihrauch und Kerzen nicht.
Wir ha'm Zigaretten — doch Herzen nicht.
Wir haben ein Strumpfgeld zum Verpaffen
im Blauen Affen

Wir haben ein Spieglein-an-der-Wand-Kabinett.
Zwei Englein, die tragen das Himmelbett
und führen die Gäste — was ist da weiter? —
zur Jakobsleiter ...

Wir haben schon manchen Heiligen versucht
und seine Seele a conto gebucht.
Und trinken den Wein aus geweihten Karaffen
im Blauen Affen

Man nennt unser Haus: Die Verrufne Abtei
— die katholische Kirche ist gleich nebenbei.
Wir schielen hinüber mit gläubiger Miene
durch die Gardine

Unsre bärt'ge Matrone spielt den Kaplan
— und wer da klopft, dem wird aufgetan.
Es kommen Bürger, es kommen auch Pfaffen
Zum Blauen Affen

Wir haben von Gott einen Menschensohn
— der schickt uns ganz sicher einen Baron
und bettet uns alle auf einer Wiese
  im Paradiese

Mal kommt das Glück! Und haben wir keins,
Dann siedeln wir über — is alles eins! —
zu einer anderen Mutter ihr Schlößchen
  im Goldhahngößchen . . .

Anfang 1924 hatte die kommunistische Fraktion im Stadtrat beantragt, diese Bordelle zu schließen, am 25. Juni wurde von der Stadtverordnetenversammlung der Beschluß dazu gefaßt, doch wegen zahlreicher Widerstände dauerte es noch bis zum 31. Dezember 1925 bis die Schließung aller öffentlichen Häuser in Leipzig durchgesetzt werden konnte. Das Gewächs aus Prostitution und zur Schau gestellter bürgerlicher Moral trieb eigenartige Blüten. So wurde 1928 im „Börsenblatt für den deutschen Buchhandel" das Bändchen Nr. 6 890 aus Reclams Universal-Bibliothek so angekündigt:

Aristophanes: Lysistrate
Das berühmte klassische Werk vom Ehestreik der Frauen gehört in die Universal-Bibliothek; der Buchhandel wird ein Auge darauf haben, daß es nur in die richtigen Hände gelangt.

Wer wüßte nicht, daß Liebe ein unausschöpfliches Thema ist. So ließe sich eine ausufernde Aufzählung jener Dinge aufschreiben, die durch, für oder gegen die Liebe erfunden wurden. Aus Liebe wurde in Leipzig eine Erfindung gemacht, die heute weltweit verbreitet ist. Und da kein Geringerer als der ehrwürdige Hans Sachs den Hergang der Erfindung berichtet, sei jeglicher Zweifel an der Wahrhaftigkeit der Geschichte von vornherein unterdrückt.

Die Buhldirnen werden freilich zuweilen durch die Polizei verfolgt; man hebt sie auf und straft sie mit der Karbatsche; aber das Schicksal trifft immer nur einige. Der Bücherfiscal hat sie zu vernehmen und ihre Bestrafung vollziehen zu lassen; wie wunderbar sich oft die Ämter kombinieren!

(„Leipzig im Profil", 1799)

Wannher die Glatzeten kahlen Männer ihren Ursprung haben

Ein alter Witwer tät mich fragen,
Ob ich nit weßte ihm zu sagen,
Von wann herkämen erstesmal
Die Männer gar glatzet und kahl,
Weil ich viel Abenteuer wüßt.
Ich antwort' ihm: Mein Herr, man liest,
Wie Rimicius macht' ein Fabel
Alten Mannen zu einr Parabel,
Wie ein Witwer, alt fünfzig Jahr,
Vor langer Zeit zu Leipzig war,
Des Haar war schwarz gemüscht mit grab,
Wie derselb ihm genummen hab
Zwei Ehweiber auf einen Tag,
Doch ihm selber zu einer Plag;
Eine war jung, die ander alt.
. . .
Die alte bleut ihm stet um die Ohrn
Den Geldsack und ihr Heiratgut,
Darmit sie'n hätt bracht aus Armut;
Die jung sich abr schmeichelhaftig
Um den Alten gar freundlich strich,
Wohnt' ihm bei aufs holdseligst sunst;
Des hätt der Mann ihr große Gunst
Und ihr viel schöner Kleider macht.
Die alt die wurd bei ihm veracht,
Ließ im Haus umgehn früh und spat
Geleich an einer Hennen Statt.
Endlich erdacht sie auch ein Sinn,
Fing an, schmeichelt sich auch um ihn
Und tät sehr freundlich um ihm mausen,
Strählt' und tät ihn im Haar umzausen.
Wo sie ein schwarzes Härlein fand,
Das rupfet sie ihm aus zuhand,
Auf daß er an seiner Gestalt

Ihr gleich würd geschaffen grab und alt,
Ob sie sein Gunst auch möcht erschleichen,
Weil gleich sich freut mit seinesgleichen.
Nun solchs trieb sie fast auf ein Jahr,
Daß sie ihm fast die schwarzen Haar
Hätt halb aus seiner Schwarten zupfet
Und ihn schier halber kahl berupfet,
. . .
Da nahm die jung Frau sich auch an
Also zu dienen ihrem Mann,
Zwug ihm und trucknet ihm sein Haar
Und ihm im Kopf umzausen war;
Und wo die graben Haar sie fund,
Die zupfet sie ihm aus gar rund,
Und ließ allein die schwarzen stohn;
Auf daß jung gschaffen blieb ihr Monn,
Ihr gleich, also nach dem Bescheid
Rupftend ihn täglich alle beid:
. . .
Deshalb von beiden Weibern war
Mit der Zeit berupft ganz und gar,
Daß er wurd kahl und glatzet gmacht.
Der gut Mann hätt darauf kein Acht,
. . .
Nun begab sich, daß die jung Frau
Ward schwanger mit eim Knäblein, schau!
Und als das nun geboren war,
Wuchs ihm auch auf dem Kopf kein Haar,
Wann sie hätt's an dem Mann ersehen.
Drum mag ich für ein Wahrheit jehen,
Daß die glatzenden Männer kummen —
Von dem Mann Ursprung haben gnummen.
. . .
Drum besser wär, Witwer zu bleiben,
Eim Alten, denn sich zu beweiben.
Daß ihm nit Unruh auferwachs
Durch die ander Eh, spricht Hans Sachs.

Wo Mann und Frau so folgenreich das Spiel der Liebe trieben, wie könnten da die Götter abseits steh'n? Nicht Czernebog und Zuttibor, nicht Thors Walküren aus Walhall, höchstselbst Venus, die Olym-

---

Heinrich Mühlpforth

Aus: „Leipziger Rosenthal" (um 1660)

Cupido lehre mich / und sage was es sey /
Warum man diesem Thal die Rosen zugeschrieben?
Weil Rosen Blumen seyn / die Jungfern gerne lieben.
Hilf Venus! mache mich von diesem Zweiffel frey /
Ich hab einmal gehöret / wie du bey danckler Nacht
Dem schönen Jungfer-Volck ein Freuden-Fest gemacht.

Und diß zwar in dem Thal / weil selten in der Stadt
Was unberedet bleibt / und ungereimte Lügen
An statt der Wahrheit offt sich zu derselben fügen /
So lob ich / daß dein Sinn den Ort erwählet hat /
Und noch die Nacht darzu / die selbst verschwiegen bleibt /
Und wolvergnügte Lust bey ihrem Schatten treibt.
. . .
Der Monden zog hinein sein Silber-doppel Horn /
Und hatte mehr als noch das Mittel überschritten /
Das Volck so Lieb und Glut zum hefftigsten erlitten /
Lag sicher ausgestreckt / und hatte sich von forn
In großer Hitz entblöst / die Brüste waren frey /
Cupido küste sie begierig / ohne Scheu.

Indem der lose Schalck was zu verwegen spielt /
Und aller Sinnen loß bald die und die umfänget /
Sich dieser an die Hand / der an die Seite hänget /
Und drauff mit Nelcken-Wein der Hitze Schmertzen kühlt /
So geust er ohngefehr den gantzen Becher aus /
Urplötzlich wirckt der Safft am Brüsten Röthe raus /

Die Rosen ähnlich sieht / der anverwandte Schnee
Hält seine Reinlichkeit / doch oben an der Spitzen
Da pflegt das Knöpffchen / das den Rosen gleich / zu sitzen /
Es trotzt Ros und Rubin auf sei ner schönen Höh.
Das Jungfern-Volck erwacht / und sieht verwundernd an
Was Venus Gast-Gebot und Nacht-Lust hat gethan.

Cupido laufft behend / er weckt die Venus auf /
Und sagt: ich habe zwar / Ach Mutter! was verbrochen /
Mir ist der Götter-Tranck zusehr in Kopff gekrochen /
Doch dennoch ist vollbracht dein anbefohlner Lauff /
. . .
Nun / sprach sie / diese That die muß verewigt seyn /
Ihr Jungfern sollt das Thal nach euren Knöpchen nennen /
Doch / daß nicht iedes kan die erst' Erfindung kennen /
So nehmt Gelegenheit von einem Rosen-Schein /
Denckt an das Rosenthal / da euch in voller Lust
Mein Cyprior gesetzt die Rosen an die Brust.

---

pierin, mit Kind und Kegel zog es sie zum Rosental. Was dort geschah, es ward belauscht von einem Dichter, der Heinrich Mühlpforth hieß und hier dem Studium oblag. In alten Büchern wird ihm nachgesagt, ein Zecher wäre er gewesen und seine Frau ein zänkisch Weib. Welch Glück für uns! Als brauner Bücherwurm und braver Bruder, mit einem Heimchen hinterm Herd, nie wär' er trunken vor die Stadt gezogen und die göttliche Geschichte vom Rosentale wär' uns ewig unerhört.

Bei so viel irdischer, ja göttlicher Schönheit ringsumher ist es verständlich, daß auch in Liebesangelegenheiten für die Leipziger alles „schön geregelt" sein mußte. Artikel 20 der „Innungsordnung der Leipziger Feuermäuerkehrer" von 1693 verpflichtete die Gesellen dazu:

... Mit dem Heiraten sich gedulden, auch sodann keine unrichtige Person oder Bübin zum Weibe nehmen, weniger ihre verlobte Braut bei Strafe der Ausschließung von dem Handwerks oder anderer nach Befindung der Umstände auf E. E. Rats und des Handwerks Erkenntnis schweren Strafen vor der priesterlichen Trauung beschlafen und mit ihr heimlich zusammenkriechen, sondern selbige öffentlich zur Kirche und Straße führen und also, wie in andern ehrlichen Zünften und Handwerken gewöhnlich, und die christlichen Ordnungen erfordern, ihren Ehestand mit Gott und gutem Gewissen ehrlich anfangen und nachmals vollführen, alles und jedes im Fall widriger Bezeigung bei Vermeidung gewisser sowohl jedes Ortes Obrigkeit als dem Handwerke willkürlicher Strafe.

Strafen wurden nicht nur angedroht, sondern auch ausgesprochen und gezahlt. Zur Zahlung war eine Währung gebräuchlich, die man nicht erst lange auf die hohe Kante legen, sondern sofort in Umlauf bringen mußte: Bier! Und solch eine Strafe hing dem Gestraften lebenslang an, im Zunft-Buch der Leipziger Maurerinnung ist nachzulesen, was ehrbare Meister „zu Buche stehen" hatten: Maurermeister Erhart Rembe mußte seinerzeit „ein faß bier straff geben", denn er „vermischt sich mit seiner Frauen vor der Zeit".

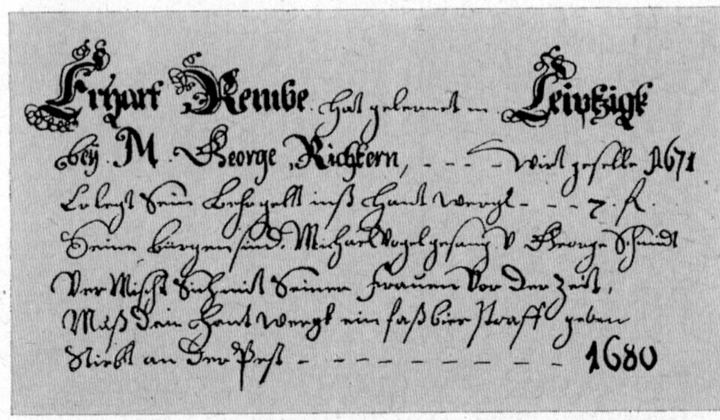
Erhart Rembe ... Leipzig
bey M. George Richtern, ... 1671
... 1680

Wenn Leipziger Männer ihre Liebste so lang erwarten und so teuer erkaufen mußten, wen wundert's, daß ihre Treue lebenslang hielt, ja, über das Grab hinaus. Ein Herr Thiele hatte seiner 1853 verstorbenen und auf dem Alten Johannisfriedhof beigesetzten Frau das Versprechen in den Grabstein meißeln lassen:

WIEDERSEHEN, MEIN HAASE!

Un=Sichten

Vorhergehende Seiten: Nur fünf Minuten vom Stadtzentrum; typische Zoo-Elefanten

Das Rosentaltor

Schillers Urlaubsdomizil in der Menckestraße

Das Parkhafte auch im Gelände der Landwirtschaftsausstellung „agra" in Markkleeberg

Clara-Zetkin-Park: Stadtoase

Am 15. September 1948 wurden die Tore zum Park eines ehemaligen Leipziger Zeitungszaren erstmals als Pforten der „Universität im Grünen" geöffnet.

Im Scheibenholz

6
5

Am Sattelplatz

Mit Pferdeverstand und Wetterinstinkt

Schon am 12. August 1945 wurde auf der Rennbahn am Scheibenholz das erste Nachkriegsrennen gestartet. Der sowjetische Stadtkommandant von Leipzig, Generalleutnant Nikolai Iwanowitsch Trufanow, war nämlich ein leidenschaftlicher Pferdeliebhaber.

Meine Eindrücke von Leipzig?
Nicht mit Unrecht gilt ...
Andrerseits wieder muß man den Leuten zugute halten, daß ...
Kurz: Man kann verstehen.

(RODA RODA, UM 1920)

Fürsorgliches in der Großstadt

Jugendboutique
Jugendboutique
Jugendboutique

Die Dame mit dem Hündchen

„Hôtel de Chat" in Kleinzschocher

Freund, Sie müssen Leipzig sehen; man giebt ja wohl für das minutenlange Anschauen eines fremden Thieres acht Groschen, — und um Leipzig zu sehn, da darf Sie der Verlust eines ganzen Capitales nicht reuen, — denn dann wissen Sie erst was Welt und Menschen sind — was ihre Tollheit vermag.

(AUGUST SALOMON MAURER, 1799)

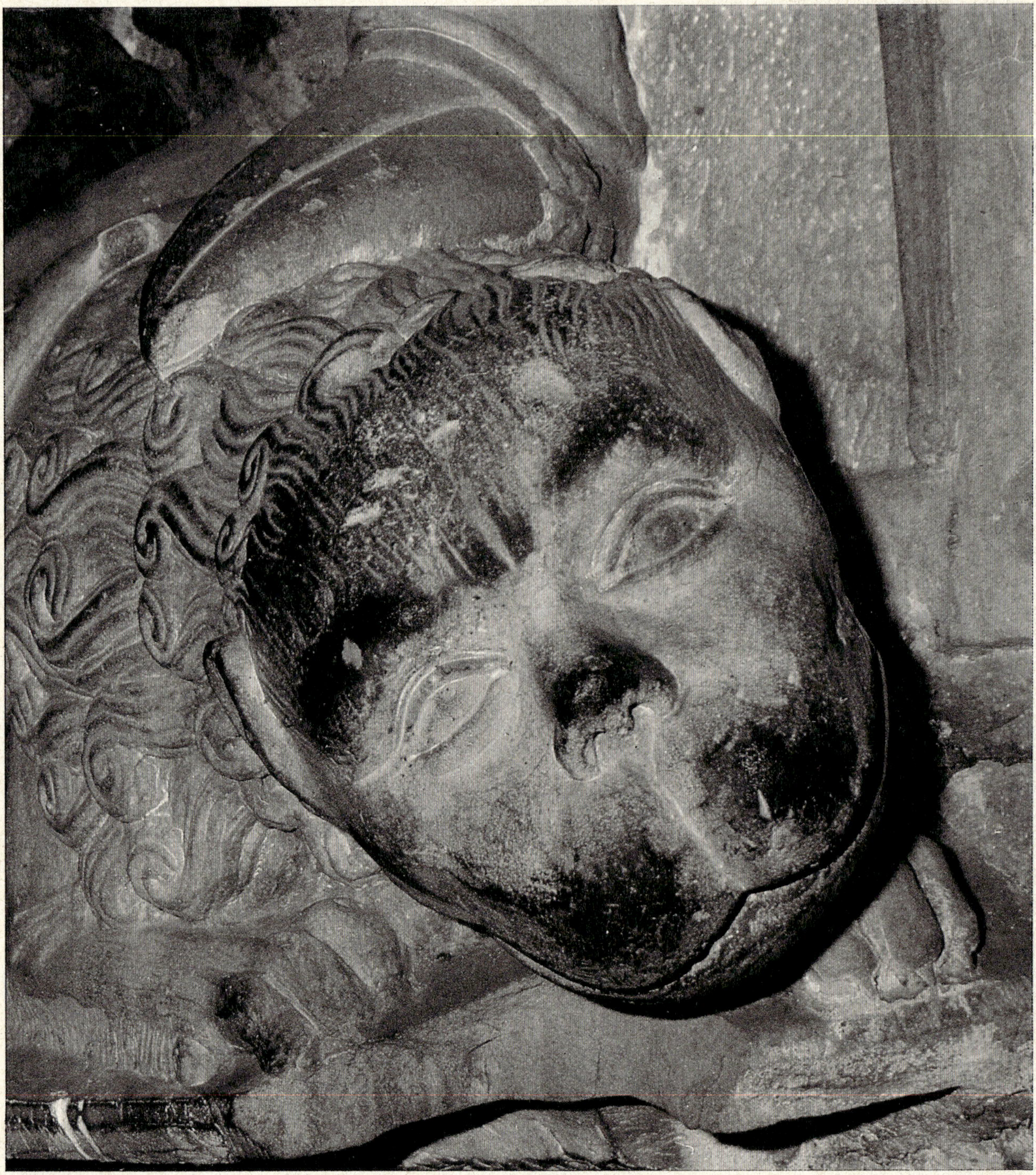

Leipziger Leu

Während des letzten Leipziger Löwenkongresses, der jeweils vom 22.7. bis 22.8. dauert, kamen in der Nachmittagspause der Leipziger Löwe und seine Kollegen aus Prag und Amsterdam, aus Tokyo und Moskau, aus Basel und Los Angeles in ein Gespräch. Wie bei Löwen so üblich, redete man vom Fressen. Da wurde über Gefrierfleisch gemäkelt, und daß die Pferde von heute auch nicht mehr das seien, was sie mal waren. Lediglich der Leipziger Löwe leckte sich lässig die Lefzen und lächelte leis: „Versorgungsprobleme gibt es bei mir nicht." Um die Verwunderung im Blick seiner Kollegen in Bewunderung zu wandeln, erklärte er: „Im Sommer gibt es reichlich Gras, im Winter genügend Heu, Salz zum Schlecken, mal ein Rübchen zum Knabbern — alles tadellos!" Als die Gastlöwen ihre Mäuler wieder zuklappen konnten, ächzte einer: „Und — so was — frißt du?" „Was soll ich machen", erwiderte der Heimlöwe, „ich sitze auf der Planstelle einer Bergziege."

Solche haarsträubenden Geschichten erfinden die Leipziger Löwen, seit sie wissen, daß man in der Stadt ihr königliches Konterfei in absonderlicher Deformation unter der Bezeichnung „Löwe Lips" den Touristen als Souvenir vorwirft.

Löwe vom Grabmal Hermann von Harras'

Damit nun Tierfreunde nicht fürchten müssen, in Leipzig würden Goldfische mit Walnüssen und Giraffen mit Regenwürmern gefüttert, sei ganz offen dargelegt, was im Laufe eines Jahres von all den großen Tieren und den kleinen verputzt wird:

1 128 dt	Fleisch
335	Kaninchen
8 400	Meerschweinchen
1 072	Goldhamster
3 860	Weiße Ratten
22 050	Weiße Mäuse
40 000	Eintagsküken
62,2 dt	Heringe
6,45 dt	Karauschen
54 kg	Mehlwürmer
27 610	Eier
8 500 l	Vollmilch
1 200 l	Magermilch
1 300 Fl.	Joghurt
1,8 dt	Magermilchpulver
49 900	Schwarzbrote
4 160 kg	Weißbrot
20,4 dt	Zwieback
3,85 dt	Knäckebrot
710 dt	Hafer

291 dt	Pellets
365 dt	anderes Kraftfutter
15,25 dt	Sonnenblumenkerne
47 dt	Haferflocken
5 dt	Zucker
3 272 dt	Grünfutter
1 438 dt	Heu
470 dt	Stroh
572 dt	Äpfel
158 dt	anderes Obst
492 dt	Möhren
400 dt	anderes Gemüse
314 dt	Rüben
30 dt	Kartoffeln
70 dt	Mineralstoffe
1 270 Glas	Obstkonserven
370 Glas	Bienenhonig
33,5 dt	Eicheln

Amtliches Leipziger Stadtwappen im 16. Jahrhundert

Zwischen Leipzig und den Löwen gibt es jahrhundertealte Beziehungen. Im Wappen der Stadt hat ein Löwe, der meißnische, seinen Platz. Er sieht so aus, als wolle er geradenwegs aus dem Wappen herausmarschieren. Warum er gerade so und nicht anders herum steht, darüber hat es schon die wagemutigsten Vermutungen gegeben. Die einen sagen, der Löwe fühle sich nicht wohl in Leipzig und wolle nach Meißen zurück, andere wieder halten dagegen, daß der diensthabende Hofheraldiker nur „linksrumme" Löwen habe malen können. Jüngste, also wohl unter dem Einfluß einer Art Optimismus-Neurose zustande gekommene Interpretationen sehen den Löwen von Leipzig aus mutig seinen Siegeszug um die Welt antreten. Bestenfalls ist jedwede Deutung mit einem Körnchen Salz gewürzt. Die Geschichte der beiden Löwen, die sich in Afrika treffen und beruhigt feststellen, daß sie beide sächseln, hat sich inzwischen, rings um die Welt, bis nach Leipzig herumgesprochen. Weniger bekannt ist die Geschichte, in der erzählt wird, wie der erste Löwe nach Leipzig gekommen ist. Vertraute man nur den offiziellen Dokumenten, in unserem Falle den Messerechnungen, müßte man meinen, das wäre zur Neujahrsmesse 1669 geschehen. Wenn aber damals der Herr „Johann Reichart von Mittelburgk", dem das Tier gehörte, mit seinem „Exponat" in die Thomaskirche gegangen wäre, hätten sie sich dort Leipzigs ältesten Löwen ansehen können, der zu diesem Zeitpunkt schon seit rund 200 Jahren vom Grabstein des Ritters Hermann von Harras herabblickte. Ein amtliches Einreisepapier, sei es auch nur eine Messrechnung, kann dieser exotische Gast allerdings nicht vorweisen, aber wenn ein Teufel seine Hand im Spiel hat, geht's halt manchmal mit dem Teufel zu.

Hermann von Harras

war ein Ritter, stolz und kühn, der ein Mädchen in Leipzig liebte. Ehe sie ihrer Liebe durch die Ehe Dauer verleihen konnten, mußte der Ritter seinem Kaiser auf einem Kreuzzug folgen. Der Braut nahm er das Versprechen ab, daß sie sieben lange Jahre auf ihn treulich warten würde, und der Ritter versprach seinerseits, zurück zu sein vor Ablauf dieser Frist. Und käm' er nicht, so wär' er gestorben und wär' verdorben, und sie wär' ihm nicht mehr im Wort. Fort zog der Ritter, und fern von der Geliebten, weit in der Türkei, fand er einen Löwen mit verletztem Fuß. Harras zog den Dorn aus des Löwen schwärender Wunde, verband und pflegte ihn. Als der Löwe genesen war, bewachte er Harras' Zelt und bewahrte seinen Herrn vor manchem Übel. Der Krieg verdarb die Menschen, der Krieg verdarb die Zeit. Eines Abends stand der Teufel vor Harras' Zelt, das der Löwe bewachte. Er käme von Leipzig her, rief der Teufel, und brächte Botschaft für den Ritter. Harras ließ den schwarzen Gast eintreten und hörte, daß am nächsten Tag die Zeit des Verlöbnisses mit seiner fernen Braut abgelaufen sei. In Leipzig stünden Freier schon bereit, an seine Stelle zu treten. Als der Teufel bemerkte, wie sehr der Mann erschrak, machte er ihm diese Offerte: „Ich bring' dich heute noch nach Leipzig, denn du dauerst mich. Als Preis dafür will ich — nichts, fast nichts, nur dein bißchen Seele." In seiner Verzweiflung wollte Harras schon seinen Handschlag darauf geben, als bedrohlich knurrend der Löwe ins Zelt trat. Die Bestie dürfe nicht mitkommen, verfügte der Teufel. Weil aber Harras darauf bestand, sich nicht von seinem Freund trennen

Menagerie-Buden vor Reimers Garten

zu wollen, willigte der Schwarze schließlich ein. Bevor Harras noch die Verschreibung durch Handschlag besiegelte, gestand er ein, daß er die Braut total vergessen hatte, doch daß ihm solches nie, nie mehr widerfahren könne. Der Teufel lachte schrill, denn er kennt die Menschen gut. Übermütig rief der Ritter, indem er seine Hand ausstreckte: „Du sollst meine Seele haben, wenn schlafend ich bei meiner Braut eintreff'!" „Topp!" rief nun endlich der Teufel, packte Harras' Hand, der griff nach dem Löwen und der Höllenflug begann. Der Teufel ließ die Lüfte singen und säuseln, es klang wie Cymbeln und Schalmeien, und so schlief der Ritter ein. Da glaubte der Teufel sein Spiel gewonnen. Als jedoch die Leipziger Luft dem Löwen in die Nase stieg, brüllte er so laut auf, daß sein Herr im rechten Augenblick erwachte. Die Suppe war dem Teufel versalzen, und er mußte ein neues Opfer suchen. Harras und sein treues Leipziger Mädchen heirateten noch am selben Tag und lebten ein langes Leben lustig zusammen. Als Hermann von Harras gestorben war und auch sein Löwe das Zeitliche gesegnet hatte, ließ die Familie jenen dauerhaften Stein errichten, der von zwei Freunden kündet, die einander in großer Not geholfen hatten.

So harmonisch-hilfreich ist das Verhältnis zwischen Leipzigern und Löwen allerdings nicht jederzeit gewesen. Am Sonnabend, dem 18. Oktober 1913, wurde das Völkerschlachtdenkmal eingeweiht. Bei dieser Gelegenheit zeigten sich gekrönte Häupter ihrem Volke. Die „gute alte Zeit" war schon gar nicht mehr so gut und auch bedenklich neu; mit Bombenattentaten, hatte man gedroht, wollte man die Schlachtfestfeier wörtlich nehmen. Polizei, aus allen Ecken

Zeitgenössische Sammelmarken zur Erinnerung an das Löwengemetzel während der Einweihung des Völkerschlachtdenkmals im Jahre 1913

des Reiches, war aufgeboten und auch „motiviert", die Monarchen vor dem Volk zu schützen. Wie mutig sie auch die Kronen mit ihren Leibern decken wollten, nicht das kleinste Bömbchen explodierte, kein Messerchen ward attentäterisch gezückt. Endlich, am letzten Tag der Feierlichkeiten, verunglückte in der Berliner Straße der Löwenwagen des „Zirkus Barnum". Was für eine Bewährungssituation!

Wenn ein Betroffener des Zwischenfalls, einer der Löwen nämlich, erzählen könnte, käme uns vermutlich die „Geschichte vom Löwenschlachtdenkmal" zu Ohren:

Die Gebleichten nennen das hiesige Höhlenrevier in ihrer schwerverständlichen Lautung: Löwzig. Seit unserer Ankunft waren sie sehr nervös, aber es lag nicht am Wetter, sondern an dem ununterbrochenen Tam-tam im gesamten Revier. Abdul hatte sie aber gut im Griff, er legte eine gute Dressur hin, die Gebleichten wendeten ihre Köpfe, wie Abdul es abverlangte. Weil sie aber langsam begriffen, mußten wir einen Tag länger bleiben. Als wir mit den Rütteln ins Revier des Eisernen Elefanten fahren sollten, drehten die Gebleichten plötzlich durch und zertrümmerten unsere Holzhöhlen. In ihrer schwerverständlichen Lautung bellten sie sich Signale zu und rudelten sich zusammen. Gebleichte mit spitzen, glänzenden Köpfen spritzten ihren heißen Eisengeifer gegen unsere Leute. Sie schlachteten fünf Königliche hin wie Antilopen. Das Gebell ihrer Eisenmäuler war so schrecklich, daß Polly sogar in eine Gebleichtenhöhle flüchtete. Das rettete ihr das Leben, weil ein zahmer Gebleichter sie dort beschützte. Abdul rissen sie schließlich mitten auf dem Bärliner Wildwechsel, 165 Eisenzähne haben ihn zerfetzt. So kann es kommen, wenn man die Gebleichten unterschätzt; gerade Abdul hatte gemeint, die Löwziger waren fast handzahm. Eine falsche Reaktion, und die Bestie in ihnen erwacht wieder. Wegen ihrer kleinen Köpfe haben die Gebleichten auch nur so ein kleines Gedächtnis. Darum müssen sie Erinnerungsmarken setzen; weil sie für Duftmarken zu unsensibel sind, müssen sie Steinhaufen errichten. In Löwzig haben sie einen Riesenhaufen Steine aufgeschüttet, damit sie nicht vergessen, daß sie hier sechs Königliche gerissen haben. Die Gebleichten nennen den Steinhaufen in ihrer schwerverständlichen Lautung: Löwenschlachtdenkmal.

Daran, wie sich Menschen zu Tieren verhalten, kann man mancherlei über die Menschen erfahren. Daß die Leipziger in ihrer großstädtischen Tierliebe Vierbeiner wie Kinder „bemuddeln" und behandeln, sieht man ganz deutlich daran, daß sie ihre Lieblinge mit schöner Selbstverständlichkeit auf die Kinderspielplätze schicken, wo es so schönen weichen Sand gibt, und wo sie anschließend auch noch ein bißchen toben können. In früheren Jahren gab es noch ein durchaus „produktives Verhältnis" zwischen Mensch und Hund. In der Stadt, die ganz dem Handel lebte, konnten Hunde nicht abseits stehen.

Der japanische Erzähler Mori Ogai, der als Militärarzt vom 22. Oktober 1884 an etwa ein Jahr lang zum Studium in Leipzig weilte, notierte am 25. Juli 1885 in sein DOITSU NIKKI (Deutsches Tagebuch):

Die grosse Löwenschlacht in Leipzig.
805
1. Serie. 1. Bild: Der Zusammenstoss und die Flucht.

Die grosse Löwenschlacht in Leipzig.
2. Serie. 12. Bild: Die starken Männer eilen zur Hilfe.

Die grosse Löwenschlacht in Leipzig.
Hotel
Blücher
1. Serie. 2 Bild: Die Schlacht mit der Polizei.

Die grosse Löwenschlacht in Leipzig.
2. Serie. 13. Bild: Pardon wird nicht gegeben.

Die grosse Löwenschlacht in Leipzig.
HOTEL BLÜCHER
1. Serie. 4. Bild: Hohe Gäste im Hotel Blücher.

Die grosse Löwenschlacht in Leipzig.
19. Oktober 2013.
2. Serie. 16. Bild: Das Löwenschlacht-Denkmal

Ich habe eine alte Frau mit einem Wagen gesehen, eine Kirschenverkäuferin. Mit einem runden Maß hat sie die Kirschen abgemessen. Sie hat alte Zeitungen zusammengedreht, das heißt dann DUTE. *Eine davon kostet 5 oder 10 Pfennige. Sogar Damen trugen solche Tüten in der Hand und aßen auf der Straße Kirschen. So dürfte sich eine Dame bei uns zu Hause nicht benehmen. Die Früchte sind etwa so groß wie eine Daumenkuppe und schmecken sehr gut. Der Wagen der Kirschenverkäuferin wurde von einem großen Hund gezogen, was für mich sehr interessant war.*

Aber auch ihr Verhältnis zu richtigen Pferden ist bezeichnend für die Leipziger. Da unterhalten sich auf der Berliner Trabrennbahn drei Jockeys. Ein Berliner meint: „Wenn ick meine Liese schau rennfitt kriejen will, jebe ick die drei Taare lang nur Hafa." Ein anderer grient und sagt: „Ick schwöre uff Feffa!" Dann fragen sie den Leipziger Kollegen nach seinem Rezept. „Nu, meiner Dusnelda fill'ch vorn Schdarde immer ä Fläschchen Gonjagg nein." — „Watt denn, unn damit jewinnst du?" staunen die Berliner. „E'scha", antwortet ihnen fröhlich der Leipziger, „gewonn' habb'ch noch nie, awer mei Fährd is immer 's lusdichsde!"

Wer viel mit Flußpferden zu tun hat, weiß, wie dünnhäutig die Dickhäuter in Wirklichkeit sind. Ganz besonders natürlich an Fest- und Feiertagen. Während alltags gefressen wird, wie es die Karre kippt, wird zu besonderen Anlässen das Mahl bereitet. Zoobesucher konnten beobachten, wie Tierpfleger ihren fülligen Freunden ein Weihnachtsmenü anrichteten:

Man schnitzele so viel Rote Beete, daß man damit eine Fläche von 1 × 1 m handhoch bedecken kann. Darauf streue man nicht zu wenig Kleie und lege obenauf gewaschene und halbierte Sellerieknollen. Weil auch das Auge mit ißt, garniere man alles appetitlich mit Rübenlaub.

Die Dickhäuter dankten mit wohligem Schmatzen.

Doch nicht nur der Umgang mit großen Tieren erfordert Findigkeit. Um sich ganz kleine vom Leibe zu halten, war eine Erfindung gemacht worden, an die sich ein alter Leipziger in den zwanziger Jahren immerhin noch erinnern konnte:

Unter den weiblichen Mitgliedern dieses mehr oder weniger fahrenden Volkes, insbesondere unter den Hökerinnen und den Verkaufsfrauen auf der Messe, aber auch bei manchen Bürgerfrauen und -mädchen war, altüberkommen, nunmehr schon längst verschwunden, ein etwas unästhetisches Instrument gebräuchlich: der Flohlappen. ... Der Lappen bestand aus einem Stück grobhaarigen Flanell oder Fries und wurde unter die Röcke geführt, wenn da etwas zwickte. Diese Art Jagd nach dem Schwarzwild war meistens erfolgreich; nur selten, daß sich der Übeltäter in den Haaren des Flanells oder des Frieses nicht gefangen hätte und er dann sogleich rachsüchtig vom Leben zum Tode befördert worden wäre.

Das traurigste Kapitel Leipziger Mensch-Tier-Beziehungen müßte überschrieben werden: Leipziger Lerchen. Die lästerliche Leckerei fand nicht nur Liebhaber, auch heftige Kritik war zu hören. Friederike

Flohzirkusplakat

Außerordentliche Vorstellung von

betriebsamen Flöhen

aus London,

welche während der Messe in der Hainstraße No. 20 im ersten Stock, dem Hôtel de Pologne gegenüber, von Morgens 10 bis 7 Uhr Abends zu sehen sind.

Herr **Bertolòtto** hatte die Ehre, diese Vorstellungen vor den Allerhöchsten Höfen von England, Rußland, Frankreich, Oestreich, Preußen, Sachsen, Holland, Baiern und Würtemberg ꝛc. zu produziren.

Programm der Vorstellung.

Der Ballsaal, In diesem tanzen 2 Flöhe als Herren und 2 als Damen einen Walzer; das Orchester ist mit 14 Flöhen besetzt, welche verschiedene Instrumente spielen; 4 andere spielen eine Parthie Piquet. Der Saal ist mit Kronleuchtern geschmückt.

Die englische Schnellpost, gezogen von 4 vollständig angeschirrten Flöhen. Der Kutscher, welcher sie führt, und der Conducteur sind ebenfalls Flöhe, in vollständige Livrée gekleidet.

Eine sechsspännige russische Equipage. Der Kutscher, der Bediente und sogar der Postknecht sind Flöhe in grüner mit Silber gallonirter Livrée.

Der Cupidowagen, gezogen von 2 Schmetterlingen. Der Cupido und die Schmetterlinge sind Flöhe.

Ein Kriegsschiff von 120 Stück Geschütz auf goldenen Rädern, 500mal schwerer als der dasselbe ziehende Floh.

Der Groß-Mogul auf einem Elephanten unter seinem eleganten Houda, umgeben von Sclaven, 700mal schwerer als der Floh, welcher das Ganze zieht.

Die Dampfwagen-Maschine mit 12 Wagen, alles von einem Floh gezogen, 500mal schwerer als der Floh selbst.

Das Ringspiel oder Carroussel von einem einzigen Floh in Bewegung gesetzt.

Die russische Schaukel von einem Floh in Bewegung gesetzt.

Don Quixotte und Sancho Pansa sitzend auf elegant geschirrten Flöhen mit goldenem Sattel und Zaum.

Das Duell. Zwei Flöhe machen eine Ehrensache mit dem Degen in der Faust ab. Die Waffen sind von Stahl mit goldenem Griff.

Der Brunnen. Ein Floh als Frauenzimmer in einem blauen Röckchen zieht einen Eimer Wasser aus dem Brunnen.

Die Wahrsagerin. Die Sybille wird von einem Floh dargestellt, welcher auf die von den Zuschauern an ihn gestellten Fragen Antwort ertheilt.

Die Schule. In dieser lernen die Flöhe das Kriechen.

Eintrittspreis 6 Gr. 4 Personen zusammen 20 Gr.

Herr **Bertolotto** bittet diejenigen Personen, welche an der Wahrheit des in obigem Programm Gesagten zweifeln, nicht eher das Eintrittsgeld zu entrichten, bis sie gesehen und sich überzeugt haben. Die Geschichte des Flohes, französisch von Herrn Bertolotto, ist an der Kasse zu haben für Auch kann man auf Verlangen das niedliche Schauspiel zu Hause sehen.

Kempner hatte sich in Preußen erfolgreich für die Rechte der Scheintoten eingesetzt, gegen den Lerchenkonsum der Leipziger kämpfte sie mit diesem zornigen Gedicht:

Leipziger Lerchen

Die friedlichen Sänger des Feldes,
Ach, nackt und zum Fraße bereit,
Ihr werdet doch Lerchen nicht essen?
Mein Gott, ihr wär't nicht gescheit!

Die Lerche, die wahre Poetin,
Zum Himmel schwingt sie sich auf,
Ihr Nestlein sorglos am Boden,
Die Senner treten darauf.

Allein der Bauer vom Lande,
Er hat ein natürlich Herz,
Mit Schonung schwingt er die Sense,
Die Sense aus Stahl und Erz.

In Leipzig aber schlachten
Die singenden Kehlchen sie,
Ach, nackt und klein zum Erbarmen,
Ein Schlachten der Poesie!

Wie das gewissenlose Mahl zubereitet wurde, ist bei einer Zeitgenossin der Dichterin, in Henriette Davidis' „Praktisches Kochbuch für die gewöhnliche und feinere Küche" (1. Aufl. 1844) nachzulesen:

Leipziger Lerchen. Diese werden gleich den Krammetsvögeln nicht ausgenommen und beim Verspeisen nur Schnabel und Magen zurückgelassen. Will man die Lerchen nicht mit Wacholderbeeren zubereiten, so brät man sie in reichlich Butter zugedeckt langsam gelbbraun, läßt dann geriebene und durchgesiebte Semmel in der Butter bräunlich werden, legt die Lerchen in eine heiße Schüssel und richtet Butter und Semmel darüber an.

. . .

Krammetsvögel werden sauber gerupft, dann die Kopfhaut abgezogen, die Augen ausgestochen, die Flügel und Füße im ersten Gelenk abgeschnitten und dann flambiert, worauf man die Füßchen kreuzweise durch die Augenlöcher steckt.

Hagelkorn vom 27.8.1860 in Originalgröße

Es war einem Naturereignis vorbehalten, diesem frevelhaften Gaumenkitzel das Ende zu bereiten. Und das kam so:

Der 27. August 1860 war ein schöner sehr warmer Sommertag. Ich war nachmittags in der Schwimmanstalt baden gewesen und dann noch nach unserem Garten in der Großen Funkenburg gegangen; da ich aber dort niemand von meinen Angehörigen traf und ein Gewitter, das schon stundenlang drohte, immer näher herankam und eine recht beängstigende gelbliche Wolkenbildung annahm, eilte ich im Geschwindschritt dem elterlichen Hause zu. Kaum hatte ich die Wohnung betreten, als wir in den nach Westen gelegenen Zimmern Scherbengeklirr und ein unheimliches Geräusch hörten. Gleichzeitig vernahmen wir Fensterbruch und Gepolter im Treppenhaus und als wir bestürzt hinzueilten, sahen wir Hagelkörner in der Größe von Hühnereiern, die die Fenster durchschlagen hatten, die Treppenstufen hinabhüpfen. In unseren westlich gelegenen Zimmern aber war keine Scheibe mehr ganz und es türmten sich da die Schloßen, so daß man sie später eimerweise davontragen mußte. Dabei donnerte und blitzte es, so daß man meinen konnte, der Weltuntergang sei nahe. Das Hagelwetter dauerte nur etwa zehn Minuten — aber wie sah alles danach aus.

Die fast durchweg hühnereigroßen Schloßen hatten ein Gewicht bis zu 10 Lot (167 g), und da kann man sich vorstellen, welchen großen Schaden sie anrichteten. Kein Schiefer- oder Ziegeldach in der ganzen Stadt blieb ganz und an allen Häusern waren wenigstens nach der Wetterseite alle Fensterscheiben eingeschlagen, vielfach auch Schornsteine umgeworfen worden. In den Gärten sah es vor allem wüst aus.

. . .

Als ich am Abend noch einen Rundgang um die Promenade machte, konnte ich mir nur mühsam einen Weg durch die abgeschlagenen, bis zu einem halben Meter hoch liegenden Aeste und Zweige bahnen und dazwischen lagen in großer Anzahl getötete Sperlinge, Amseln und andere Vögel. Die Bäume, ihres Blattschmuckes beraubt, streckten gar traurig ihre verstümmelten Aeste zum abendlichen Himmel empor.

Auch draußen außerhalb der Stadt, im Rosental und auf den Fluren südlich und östlich der Stadt war eine ähnliche Verwüstung angerichtet, und namentlich hatten darunter unsere Singvögel zu leiden gehabt. So war denn auch der 27. August 1860 der Sterbetag der Leipziger Lerchen, ich habe sie später niemals wieder auf einem Stengel aufgespießt und aneinandergereiht verkaufen sehen, wie denn auch von diesem Tage ab auf den Speisekarten der Gastwirtschaften das einstmals so beliebte Gericht: ‚Leipziger Lerche mit Sauerkraut' nicht mehr zu finden war. ... Der Fang beschränkte sich nicht auf die Leipziger Gegend allein, sondern er wurde in den Monaten September, Oktober und November, wenn die Lerchen auf ihrem Zuge nach Süden begriffen waren, auch in den Niederungen um Halle, Zörbig, im Anhalt-Dessauischen, im Köthenschen und im Bernburgischen ausgeübt. Die fettesten und größten Lerchen kamen nach Leipzig, wo die Nachfrage stets eine lebhafte war. Der Fang war so beträchtlich, daß außer den nicht unbedeutenden Mengen, welche in den kleinen Städten und Dörfern selbst verzehrt wurden, noch immer in jedem der drei Monate 500 000 Lerchen, im ganzen also 1 200 000 bis 1 500 000, nach Leipzig verschickt wurden, von wo aus sie in alle Welt gingen. Doch hörte dies seit dem Hageljahre nach und nach auf und der ganze Lerchenhandel, der große Verheerungen unter diesen im Hinblick auf ihre Insektenvertilgung nützlichen Singvögel anrichtete, mag in der zweiten Hälfte der sechziger Jahre sein völliges Ende erreicht haben.

Wenn auch seit dieser Zeit den Lerchen nicht mehr mit Netz und Rute nachgestellt wird, Rezepturen für „Leipziger Lerchen" werden noch heute veröffentlicht. Allerdings handelt es sich dabei um eine rein vegetarische Delikatesse, was ein Blick ins „Backbuch" von 1967 schnell beweist. So werden sie heute zubereitet, die

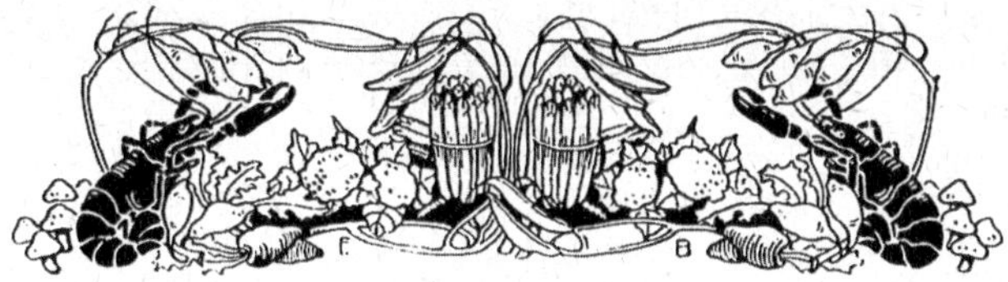

LEIPZIGER ALLERLEI

Zu gleichen Teilen: junge Erbsen, feingeschnittene Möhren, feingeschnittene Kohlrabi, Blumenkohlröschen, Spargel, frische Morcheln — Krebse in beliebiger Zahl — Butter zum Dünsten — etwas Mehl — Salz nach Geschmack.

LEIPZIGER LERCHEN

Mürbeteig nach Grundrezept, Erdbeer- oder Himbeerkonfitüre, 80 g Margarine, 125 g Zucker, Salz, 2 Eier, 100 g Mehl, 125 g gehackte süße Mandeln, Nüsse oder Kokosraspel, 5 geriebene bittere Mandeln, etwa 4 Eßlöffel Milch, 3 Eßlöffel Rum oder Weinbrand.

Leicht gefettete Förmchen mit dünn ausgerolltem Mürbeteig auslegen und jeweils einen Klecks Konfitüre daraufgeben. Die schaumig gerührte Margarine mit allen Zutaten (1 Eigelb zurückbehalten) vermengen. Die Masse in die Förmchen füllen, obenauf kreuzweise zwei schmale, abgerädelte Teigstrei-

Zoo-Not-Geld

fen legen und mit dem verquirlten Eigelb bepinseln. Bei Mittelhitze etwa 25 Minuten backen.

Eingeweihte wissen, daß dieses Gebäck mit seiner Form und dem Kreuz darauf das kleine Grab der Leipziger Lerchen symbolisiert.

Dieses Kapitel sei jedoch nicht abgeschlossen, ohne ein Beispiel für das innige, ja fast intime Mensch-Tier-Verhältnis der Leipziger zu vermelden.

Zum Familienfest Pfingsten im Jahre 1878 war Leipzig um eine Attraktion reicher geworden. Ernst Pinkert, der Pächter der Restauration „Zum Pfaffendorfer Hofe", hatte seinen vor einiger Zeit angelegten „Thierpark" als „Zoologischen Garten" eröffnet. 4519 Erwachsene und Kinder, die dafür 20 bzw. 10 Pfennige „Entrée" entrichten mußten, bestaunten an den beiden Eröffnungstagen einen Tiger, zwei Eisbären, fünf Löwen, fünfzehn Affen, einundzwanzig Papageien und noch andere, insgesamt 256 Tiere. Außerdem konnten sie mit Rollschuhen über den zum Zoo gehörenden „Skating-Ring" flitzen. Um des Publikums Neugier wachzuhalten, wurde ihm für 1879 auch ein Elefant versprochen. Ein spezieller Teil des Publikums war wohl besonders neugierig auf das Liebesleben der Exoten. Weil ein Zoo nicht nur eine Erholungs-, sondern auch eine Bildungsstätte ist, rief der erste Zoo-Direktor einen diskreten Service ins Leben. Um eingeweihten Interessenten Vergnügen am Vergnügen anderer zu verschaffen, gab er, wenn er beobachtet hatte, daß seinen Tieren „so irgendwie" war, durch kleine Annoncen in der Zeitung bekannt: „HEUTE LÖWEN" oder „HEUTE TIGER" oder „HEUTE BÄREN".

Unter den erlesenen Besuchern muß wohl ein Spaßvogel gewesen sein, der just für den Tag, an dem Ernst Pinkert heiratete, das Inserat aufgab:

Heute Pinkert

Das Grab des Zoogründers

Hier ruhet in Frieden
unvergeßlicher Gatte, unser
lieber guter Vater und Stiefvater
ERNST PINKERT

Drauf-Sichten

Bejahrter Häuser alte Erker ...

Vom Neuen Rathaus zur Thomaskirche

Vorhergehende Seiten: Leipzig von oben: Der Friedrich-Engels-Platz mit der „Bemmenbüchse", dem konsument-Warenhaus; Blick über die Goethestraße

Vorhergehende Seiten: Individuelle Dach-Botanik inmitten der Stadt; nur im Bild ein Katzensprung: vom Markt zum Stadion der Hunderttausend

Der Karl-Marx-Platz von oben — Parkanlagen an der Oper und am Bruno-Plache-Stadion

Commissions-&-Speditions-Geschäft
von
Johann Christian Freygang.
Einfahrt verboten!

Leipzig, die Stadt, wo so viele wirksame Fremdlinge mit dem Stabe in der Hand hereinkamen, und durch Talent, Fleiß und Segen Gottes, Tonnen Goldes erwarben.

(CHRISTIAN AUGUST CLODIUS, 1779)

Gefährte am Untergrundmessehaus und am Nikischplatz

Verkehrsverflechtungen

Es stimmt übrigens nicht, daß der Sachse so gerne reist, weil es ihm im eigenen Lande nicht gefällt. Im Gegenteil: Er reist, weil er gerne „heeme" kommt!

(JÜRGEN HART, 1981)

106 930-1

AHNHOF

In der Nacht zum 1. April 1893 wurde in Leipzig die MEZ eingeführt. Auf dem Marktplatz hatte sich eine große Menschenmenge eingefunden, um den Vorgang zu beobachten: Die Uhr zeigte 11.49, dann übersprang sie auf Geheiß des Rathausuhrmachermeisters Zachariä 11 Minuten und zeigte 12 Uhr. Die Menge begrüßte die neue Zeit mit Hoch-, Hurra- und Prosit-Neujahr-Rufen.

Aus Leipzigs Uhrwelt: Uhr am Hauptbahnhof, an der Rückfront des Alten Rathauses und an der Deutschen Bücherei

Vorfreude
auf „Leipziger Allerlei"

Messe total: selbst im Spiel

Die ehemalige „Börse“
Kaiser Maximilian
Kaiser Karl V
Student aus den 40er Jahren
„Einläuten der Messe“ (Rathaus)
Leipziger Stadtwappen
Eine sogenannte „Schleife“
Nachtwächter
Polizeidiener 1840-50.
Vom Brühl

Vergangenen Sonntag haben wir die mehrfach besprochene Wasserpartie gemacht. Wir fuhren um sechs Uhr vom Floßplatz mit einer prachtvollen Gondel ab, hielten mitten im dichtesten Walde, durch den ja die Pleiße fließt, bei einer fliegenden Kneipe Station und waren um acht Uhr in Connewitz am Ziel unserer Fahrt mitten im Johannapark. Da hielten wir uns in einer Waldkneipe bis gegen halb zehn Uhr abend auf und fuhren dann bei Mondschein und Sternlicht am Wasser durch den Wald nach Leipzig zurück. Es war eine großartig schöne Partie, und man würde soviel Naturschönheit in der Umgebung Leipzigs gar nicht suchen.

(JOSEF KAINZ, 1876)

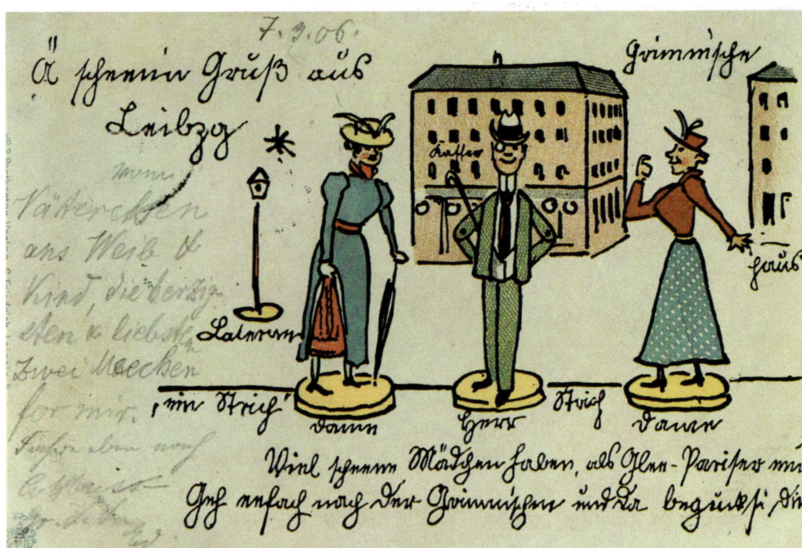

Leipzig ließ die Puppen tanzen: Kartengrüße 1906

LEIPZIG
Partie an der Pleisse mit Wassergott

Luna-Park, Leipzig-Wahren am Auensee.
Gebirgsszeneriebahn vom See aus gesehen.

Leutzsch
Bahnhof
751

Nostalgie im Straßenbild: Alte Bimmel

Leibniz im städtischen Schilderwäldchen; Verkehrsverhütung am Brühl

Immer mehr schreitet Leipzig zu einer Stadt zeitgemäßer Eleganz vor, dem Ankömmling besonders sinnfällig gemacht durch den Hauptbahnhof.

(HENDSCHELS LUGINSLAND, 1913)

oben: Reminiszenz am Hauptbahnhof

unten: Tassen im Schrank: Eisenbahnsouvenir

Ein technisches Denkmal: der älteste erhaltene Bahnhof der Stadt, seit 1842 in Betrieb

Leipzig Bayerischer Bahnhof

Leipziger Lok

Zum guten Teil besteht das Rad der Geschichte aus der Geschichte des Rades. Und daran wurde auch in Leipzig ein bißchen gedreht. Der Ruhm ist gewöhnlich ein Vorrecht des Ersten, selten des Besseren. Zwar rollte die erste deutsche Eisenbahn am 7. Dezember 1835 über die 6 km lange Strecke von Nürnberg nach Fürth, aber ein richtiges „Eisenbahnwesen" mit den entscheidenden Fernverbindungen nahm in Leipzig seinen Anfang. So ist wohl nicht verwunderlich, daß Wörter wie „Eisenbahn" und „Lokomotive" in Leipzig oftmals mit dem mythischen Unterton von Zauberformeln verwendet werden. Als am 3. Juli 1964 die brasilianische Fußballmannschaft von Flamengo Rio de Janeiro ins Leipziger Zentralstadion einlief, um gegen eine DDR-Auswahl zu spielen, ahnten wohl einige der 25 000 Zuschauer das kommende Debakel. Sie schwenkten beschwörend ein Transparent mit dem fußballyrischen Vers:

Wer schlägt die Brasilianer?
Die Leipziger Eisenbahner!

Unsere Landesauswahl verlor das Spiel mit 5:1 Toren; Leipziger Fußballer waren vom Trainer nicht in die Mannschaft berufen worden.

Auch in Leipzigs innerstädtischem Verkehrswesen waren es zunächst Ausländer, die „die Tore schossen". Am 18. Mai 1882 eröffnete die „Leipzig Tramways Company Limited", mit Sitz in London, den Pferde-Eisenbahn-Betrieb auf den Strecken Augustusplatz—Reudnitz und Roßplatz—Connewitz. Das „Massenverkehrsmittel", 1895 wurden immerhin schon über 21 Millionen Fahrgäste befördert, war über die Leipziger gekommen. Ein Studentenulk jener Tage bestand darin, den Wagen durch Hüpfen auf der hinteren Plattform zum Entgleisen zu bringen. Die Leipziger quittierten Pferdebahn- und Studentenspaß mit dem Vers:

In Leipzig ist's gemütlich,
da fährt die Pferdebahn.
Das eine Pferd, das zieht nicht,
das andere, das ist lahm.
Der Kutscher, der ist bucklig,
die Räder, die sind krumm,
und alle fünf Minuten,
da kippt die Karre um.

Unglaubwürdig an diesem Verschen ist das Detail „buckliger Kutscher", denn es wurden bei diesem Unternehmen bevorzugt „altgediente Kavalleristen" eingestellt, die an strenges militärisches Regiment gewöhnt waren. In ihrer Dienstvorschrift stand neben der Anweisung, daß Schaffner und Kutscher mit blankgeputzten Knöpfen zur Arbeit zu erscheinen hatten, auch dies:

* Ein auffälliges Trinken aus der Flasche ist im öffent-

Winter-Fahrplan

mit Karte

der

Leipziger Pferdebahn.

Preis 10 Pfg.

Zu haben bei den Controleuren und Schaffnern der Pferdebahn.

Herausgeber: A. Täubert, Leipzig.

lichen Verkehr durchaus zu vermeiden; ebenso das Einkehren in Schankwirtschaften auf anderen als den Endstationen.

* Das Sitzen bei den Fahrgästen im Inneren der Wagen ist streng untersagt.
* Vor der Abfahrt von den Endstationen ist gehörig Umschau nach etwa Aufnahme wünschenden Fahrgästen zu halten.
* Vertraulichkeiten beim Ein- und Aussteigen, insbesondere gegen Damen, sind streng verboten.

Immerhin waren sie möglich. Im Zeitalter der Tatra-Wagen, in denen der Fahrer in einem abgedunkelten Glashaus sitzt und in denen „Bumskästen" längst die Schaffner abgelöst haben, ist der Nachfahr der Pferdebahn ganz zu einem Beförderungs-*Mittel* geworden. Leidenschaft an der Kurbel ist bei den erschütterten Fahrgästen jedoch ebenso wenig beliebt wie damals Leidenschaft am Zügel. Diese war sogar strafbar. Am 20. August 1873 mußte „Pferdewärter Brandt 1" „wegen Trabreiten mit abgelösten Pferden" eine „Ordnungsstrafe von 10 Neugroschen" berappen.

Leipziger, die in solchen Straßen wohnen, die von den schnellen und schweren Tatra-Zügen durcheilt werden, haben sich inzwischen daran gewöhnt, daß Lampen schaukeln und Gläser klirren, daß Tassen tanzen und Schranktüren sich plötzlich öffnen. Neu sind nur die Bahnen, ihre Begleiterscheinungen sind es nicht. Per Schreiben vom 18. Juli 1913 klagt der Inhaber der „Hof-Konditorei zum Fürst Reichskanzler" sein Leid:

Einem Hochwohllöblichen
Rat der Stadt Leipzig

Endesuntergezeichneter bittet den hochwohllöbl. Rat der Stadt Leipzig dafür Abhülfe zu schaffen wenn die Elektr. Straßenbahn die Götheſtraße Ecke Brühl die Weiche passiert entsteht ein Getöse, daß das ganze Haus erschüttert, die Lampen klirren und ev. möglich bald ein Stück abfällt. Ich habe von verschiedenen Gästen Klage darüber gehört, daß die Herrschaften erschrecken und keine Zeitung in Ruhe lesen können dadurch erleide ich großen Schaden.

Ich bitte sich selbst davon zu überzeugen und baldigste Aenderung treffen zu lassen.

Es zeichnet
hochachtungsvoll und ergebenst
Gustav Haussmann

Vielleicht tröstet es uns heute ein bißchen, wenn wir erfahren, daß es selbst zu Zeiten der guten ruhigen Pferdebahn schon gespukt hat. Ort des Geschehens war der „Central-Bahnhof der Leipziger Pferde-Eisenbahn", heute „Straßenbahnhof Reudnitz" genannt. Dieses, im Jahre 1807 für den Verleger Friedrich Hofmeister erbaute und später von einer Freimaurerloge genutzte Haus wurde 1872 von der „LPE“, wie die „LVB“ damals hießen, als Büro- und Depotgebäude für ihre 20 Wagen und 105 dänischen Pferde gekauft. Offenbar hatte sich die Company aber auch etwas eingehandelt, das nicht im Kontrakt stand, denn der „biedere Heinrich“, erster Hausmeister des Unternehmens, hörte es in den Nächten stampfen, trampeln und poltern, vernahm Geräusche wie von Kartenspiel und Bretterstapeln, erschrak vor Schritten schwerer Reiterstiefel. Jedoch konnte er, wie sehr er sich auch Mühe gab, nie einen Verursacher des Krachs entdecken. Auch zwei „determinierte Hunde“, die stämmige Dogge „Lord“ und der Wachpudel „Rino“, konnten dem Spuk nicht auf die Spur kommen. Da erbietet sich der „Conducteur Kluge“, um das Übel an der Wurzel packen zu können, auf dem Spukboden des Hauses Nachtwache zu halten. Nachdem er die erste Nacht, sicherlich gut prämiiert, ganz ungestört verbracht hatte, kommt noch ein zweiter Kollege auf den Geschmack. Und prompt ist in der Nacht der Teufel los, zumindest aber sein irdisches Hilfscorps:

Eben verkündet unsere Stationsuhr die Mitternachtsstunde, als mit einem Male beide Laternen wie weggeblasen verlöschen. Im selben Augenblick wird Lord, der wie das erste Mal den Abend schnarchend verbracht hatte, unruhig, schüttelt sich, erhebt sich vom Lager und stößt ein mark- und beindurchdringendes Geheul aus und drückt, wie hülfesuchend, ängstlich und furchtsam sich zwischen die beiden Wächter; auch Rino, der unaufhörlich bis dahin umherstreifte, flüchtet sich in die Kammer, als fühle er sich nur zwischen Menschen sicher. ... Da — horch ... langsame Tritte ... sie scheinen um den ganzen Boden zu spatzieren ... plötzlich machen sie vor der Kammer Halt ... die Hunde schweigen und rühren sich nicht von der Stelle. ... „Halt, wer da!“ — schreit Kluge mit fürchterlich hohlklingender Stimme, der man die innere Unruhe anhören konnte ... kein Laut. „Antwort will ich haben oder“ ... hierbei versagt ihm jedoch die Stimme, zwei eiskalte Arme umschlingen krampfhaft den Hals ... ein Röcheln ... und — er giebt — keinen Laut mehr von sich. ... Der College Kluge's fühlt oder ahnt vielleicht, daß mit demselben etwas vorgehen muß ... das Röcheln und der plötzliche Sturz auf sein Bett ...

Ihren ganz großen Auftritt hatten die Gespenster (oder Kluge? oder wer?) aber noch vor sich. Kaum vom Schreck um Mitternacht erholt, treten Kluge & Co. wieder zum Wachdienst an.

Der 20. October (1872) erschien und wieder um zehn Uhr Abends wanderten Kluge und sein anderer College, Herrmann, in der bekannten Begleitung der beiden Hunde nach dem Boden. Sorgfältiger denn je wird zuvor alles auf das kleinlichste untersucht. Der Vorsicht halber sind mehrere Laternen mitgenommen worden, damit, falls ja ein Windstoß oder sonst ein tückischer Zufall eines der Lichter auslösche, doch an anderweitiger Beleuchtung kein Mangel sei.

Es schlug zwölf, — nichts rührte sich, — es viertelte, — endlich war schon eine halbe Stunde vorüber und beide Wächter hofften, daß diese Nacht ruhig ablaufen werde. Da ... da ... schau in der Ecke, flüsterte plötzlich Kluge seinem Genossen zu und dieser der Richtung der weit offen starrenden Augen Kluge's folgend, erblickte in dem, unter dem einen Vorbau und zwischen den verschiedenen Ecken herrschenden Schatten, ein scheußliches Etwas, ein Gerippe, das ihm jetzt mit dem Kopfe wie drohend langsam zuwinkt ... Schaudernd über den gräßlichen Anblick vermag Keiner momentan sich zu rühren ... In diesem Augenblicke aber öffnet sich geräuschlos die Bodenthüre, ... ein alter, grauer Mann in einer seltsam altmodischen Tracht tritt ein und wandelt mit einem eigentümlich steifen, schwer schlürfenden Schritt an der Kammer der beiden Conducteure vorüber und nimmt auf der bekannten Kiste seinen altgewohnten Platz ein. ... Sein Blick ist nicht unfreundlich und scheint fast wehmütig auf jenen Beiden zu ruhen, während diese wie erstarrt und krampfhaft nach ihm hinstierend, und nicht recht wissen, was Täuschung, was Wahrheit. Da erhebt sich der alte Herr geräuschlos wieder vom Sitze und schreitet langsam auf dieselben zu, ein Gleiches geschieht von jenen zwei Gestalten. Es ist, als ob der Alte durch verdoppelte freundliche Mienen den Eindruck der schrecklichen beiden Erscheinungen wieder auslöschen wolle, er streckt die Hand ihnen entgegen — Kluge nimmt sie, er ergreift sie, diese Hand, aber in seiner Aufregung mit einem heftigen, vielleicht unwillkürlich krampfhaften Druck — und im nächsten Augenblick fühlt er, daß er die Finger dieser Hand, kalte, knöcherne, fleischlose Finger in seiner Hand hält! Entsetzt schleudert er diese Finger von sich.

Der alte Herr aber verzieht, wie einen Schmerz verbeißend, sein Gesicht; er hält die Hand seitwärts gegen die Beleuchtung ... aus den Wundhöhlen sickern anfangs schwache Tröpfchen Blut, ... dann zeigen sich die Spitzen anderer Finger, die erst langsam herauswachsen, dann immer rascher und rascher vortreten — nach kurzer Zeit ist die Hand wieder hergestellt, so vollständig, so unverletzt, als sie zuvor war. ...

Jetzt aber hatte Kluge nicht nur den Muth, sondern über allem Geschehenen auch den Kopf verloren. Seiner nicht mehr mächtig, ganz außer sich ruft er: „Hölle und Teufel, was geht hier vor, seid ihr lebende Wesen oder teuflischer Spuk!" und bei diesen Worten wendet er sich nach dem Lager zurück und zieht die fränkische Waffe blank, mit einem wahnsinnigen Hiebe nach dem Alten schlägt er jedoch nur auf den Fußboden, und die Klinge splittert in Stücke. Wie rasend erhebt er jedoch nochmals den Griff der Waffe und schleudert ihn gerade gegen dessen Stirn. In diesem Augenblick öffnet sich der Kopf des entsetzlichen Wesens; es ist, als würde er in der Mitte auseinander gespalten; der Griff fährt hindurch, um hinten im Raume auf den Boden zu stürzen; die beiden Hälften des Kopfes aber schließen sich langsam wieder zusammen; das eben noch so freundliche Antlitz ist jedoch wunderbarer Weise verändert; mit einem Ausdruck entsetzlicher Wuth starrt er den frechen Eindringling in sein Reich an; satanisches, brüllendes, von vielfachen Echo's getragenes Hohngelächter ertönt allerwärts; seine Augen flammen, er erhebt die verwundet gewesene Hand und tritt ihm rasch einen Schritt näher, als ob er ihn erwürgen wolle. Kluge aber fühlt sich wie an allen Gliedern gelähmt, er denkt an Flucht und hat doch nicht die Kraft, den Fuß zu heben. ... Im Kampfe um sein Leben bringt er, noch vor Wuth und Grimm erstickt, die Worte: „Lord, ... Rino ... faß, ..." hervor, ... da kracht ein Schuß und laut heulend stürzen die Hunde über ihn hinweg in die Räume hinein ... Verschwunden wie mit einem Zauberschlage ist der ganze Spuk, ... langsam und feierlich verkünden die Glocken der nahen Stadtthürme, eine nach der anderen ... ein Uhr.

Heutzutage läßt sich jeder Spuk wissenschaftlich untermauern, die Leipziger Straßenbahnpioniere waren noch aufs Probieren angewiesen. Sie beobachteten, daß alle gespenstischen Aktivitäten mit dem Tod des „alten Schmidt" ebenfalls erstarben. Jener galt als Hausfaktotum und hatte schon in der schönen, ruhigen Vorstadtvilla gewohnt, bevor sie zum Verkehrsknotenpunkt avancierte. Vielleicht hat er tatsächlich geglaubt, das heranwachsende Gespenst des Großstadtlärms ließe sich mit dem Spuk aus der Mottenkiste verjagen.

Gleichfalls ein Trugschluß wäre es anzunehmen, daß zur ewigen Erinnerung an das spukvertreibende Glockengeläute die Straßenbahn in Leipzig noch heute kurz und schön „die Bimmel" heißt. Der um die Sicherheit seiner Bürger sehr besorgte Rat der Stadt ordnete im Jahre 1880 an, die Wagen der Bahn mit Messingglocken auszurüsten, damit der Kutscher jederzeit laut und deutlich Warnsignale geben könne. Das geschah zunächst durch Handschlag, später per Fußtritt. Das folgende Gespräch zwischen Wagenführer und wißbegierigem Passagier ist überliefert:

„Zu welchem Behufe haben Sie denn dieses Glöckchen hier?"

„Vor de Leide."

„Aha. Damit rufen Sie die Passagiere herbei."

„In Gejendeile."

„Wie darf ich das verstehen?"

„Dadrmidd verjach 'ch se, dadrmidd geens under de Räädr gommd."

„Aha. Und wie schlagen Sie die Glocke an?"

„Des mach 'ch middn Fuße."

„Aber lieber Mann, Sie läuten nun schon eine ganze Weile, und es ist weit und breit kein Mensch zu sehen!"

„'ch weeß, awer m'r grabbeld de Fußsohle."

Dieses Gespräch wurde allerdings schon in der „Elektrischen" geführt, die ihre Jungfernfahrt am 17. April 1896 auf der Strecke Connewitz—Gohlis erlebte. Elektrizität war billiger als Hafer; man mußte für die Fahrt mit der Pferdebahn bis zu $2^{1}/_{2}$ Neugroschen, nach 9 Uhr abends und sonntags sogar 3 bis 4 Neugroschen bezahlen, mit der Elektrischen kam der durchgängige Groschentarif. Vorerst. Denn als es mit der Wirtschaft bergab ging, ging es mit den Preisen bergauf. Im November 1923 kostete in Leipzig die einfache Fahrt 250 000 000 000 (= 250 Milliarden) Mark. Zwar gab es in jenen Tagen Geldscheine mit einem Nominalwert von 500 Milliarden Mark, das reichte immerhin für Hin- und Rückfahrt, aber leider ist nicht überliefert, wie die Schaffner die notgedrungen anfallende Papierflut bewältigt haben. Denn bevor Ende 1965 alle Straßenbahnen Leipzigs „schaffnerlos" verkehrten, war es nämlich „Schaffnerlos", am Ende der Tour das eingenommene Geld zu sortieren und zu rollen. Während der Inflation mußte offenbar gebündelt und gewogen werden. Leipzigs letzte Schaffnerin konnte am 7. Oktober 1965

ihren Galoppwechsler für immer an den Nagel hängen. An ihrem letzten Dienstag, nach 25 Dienstjahren, konnte sich Änne Überschär immer noch an den ersten bei der „Bimmel" erinnern:

„Mein Mann war alter Straßenbahner. Oft brachte er Tasche und Knipszange mit nach Hause. Eines Tages wunderte er sich, daß ich in der Wohnung den Regenmantel nicht ablegte. Als er dann schließlich doch fiel, gab es großes Hallo. Ich trug die Schaffnerinnen-Uniform darunter. Die Überraschung war geglückt."

Es ist zu bezweifeln, daß alle Frauen, die in jenen Jahren zur Straßenbahn gekommen sind, das als geglückte Überraschung betrachtet haben. Am 28. September 1944 versuchte die Zeitung „Leipziger Neueste Nachrichten" ihren Lesern einzureden:

„Deutschland steht wie ein Fels im Meer." Deshalb war der „Kampf bis zum Äußersten" verkündet. Und wer wissen wollte, wie es kommt, daß „unsere Verteidigung von Tag zu Tag stärker wird", der konnte auf Seite 3 lesen:

VOM BALLETTSAAL ZUR STRASSENBAHN

Es sind heute viele Frauen und Mädel bei der Straßenbahn und in anderen Betrieben tätig, die früher nur häusliche Arbeiten verrichtet haben und sich nicht träumen ließen, daß ihre Arbeitskraft für die Allgemeinheit dringende Verwendung finden werde. Und so machen natürlich die Tänzerinnen unserer Oper gar keine Ausnahme, wenn sie den duftigen Ballettfaltenrock mit der Straßenbahner-Uniform und die Spitzenschuhe mit derben Holzschuhen vertauschen. „Das Frühaufstehen fällt natürlich verdammt schwer", gesteht die schwarze Edith, „aber wir alle sind eigentlich recht zufrieden, daß wir nach der Schließung der Theater an die Straßenbahn gekommen und somit in städtischen Diensten geblieben sind. Gleich den ersten Tag setzte der Dienst früh $^{1}/_{2}5$ Uhr ein und dauerte bis nachmittags 3 Uhr, doch man gewöhnt sich mit der Zeit an diese Umstellung, da ja übrigens auch nicht jeden Tag der Dienst so früh beginnt." Edith hat, so scheint *mir, die richtige Einstellung und verbindet ihren neuen Beruf mit dem unterbrochenen. Das geht ja auch wundervoll, beim Auf- und Absteigen bietet sich Gelegenheit zu échapper und changement, warum soll eine Tänzerin-Schaffnerin das Aufheben eines Geldstückes nicht mit plier verbinden, und ich wette, jede von ihnen wird beim Klingelzeichen die Gelegenheit wahrnehmen, eine herrliche attitude hinzulegen.*

Das Rad der Geschichte drehte sich weiter, die Bremser blickten zurück. In einem Schreiben vom 7. März 1945 ist zu lesen:

Wie bereits mit Ihnen fernmündlich besprochen, benötigen wir zur Einrichtung eines Straßenbahnnotbetriebes 12 kräftige Pferde. Wir bitten um baldige Überweisung.

Der nächste Schritt zurück wäre die Wiedereinführung der Postkutsche gewesen. Aber die letzte Postkutsche war am 19. Oktober 1873 in Leipzig abgefahren. Immerhin erst 36 Jahre nach der Jungfernfernfahrt der ersten Leipziger Eisenbahn.

LEIPZIGER TAGEBLATT UND ANZEIGER
No. 115. Dienstags, den 25. April 1837.

... Am 24. April war der Tag erschienen, auf welchen so Manche, so viele Hunderte und Tausende lange gehofft hatten. An ihm fand früh um 9 Uhr die erste Fahrt statt, an welcher nur das verehrt. Directorium, die von demselben eingeladenen hohen Behörden und einige Andere mit einer Karte hierzu Beehrte Antheil nahmen. ...

Der Bahnhof war mit wehenden Wimpeln geschmückt und der Blitz, der die Wagen fortzuführen bestimmt war, spie Dampf und Rauch aus seinen Röhren, wie ein ungeduldiges Roß aus seinen Nüstern. 3/4 9 Uhr ertönten die muntern Hörner und Trompeten der Schützenmusik, bald gab die Glocke das Zeichen zum Besteigen der schönen Wagen, von denen die des ersten Ranges an Bequemlichkeit und Eleganz im Innern und Aeußern Alles zu überbieten scheinen, was der Luxus in Anspruch nehmen kann. Alles harrte schon des Zeichens zur Abfahrt, als Se. Königl. Hoheit, der Prinz Johann, noch zwei Minuten vor dem Glockenschlage 9 Uhr in den Bahnhof gefahren kam und durch seine Ankunft die allgemeine Freude aufs Höchste steigerte. Se. Königl. Hoheit war die ganze Nacht gefahren, um Ihre Teilnahme an dem großartigen Unternehmen an den Tag zu legen. ...

Jetzt setzte sich der mit Fahnen und Kränzen geschmückte Blitz in Bewegung. Donnernde Böller und Musketensalven und Raketen begrüßten ihn, mit tausendstimmigem Jubelgeschrei vermischt, wie er erst langsam, dann schnell und schneller dahin saußte. Überall salutierten die aufgestellten Militairpikets und Wachen, jeder Bahnwärter stand gravitätisch auf seinem Posten und gab das Zeichen, wie alles in Ordnung sei. Man flog über die zwei Chausseen, die Dörfer zur Linken verschwanden, da lag Althen, ..., 20 Minuten ungefähr waren vonnöthen gewesen, hinauszugelangen, da man nicht die ganze Kraft des Dampfes aufgeboten hatte und der Weg sanft, aber doch fast immer etwas steigt. In 4 Minuten weniger kam man zurück, ... Die erste Fahrt war vollendet, hin und zurück; gedrängte Schaaren harrten bereits, die zweite beginnen zu können. Möge die erste das glückliche Zeichen für alle die künftigen gewesen sein, die von nun an nach Althen, dem sonst so unbekannten Dörfchen, dessen Name aber jetzt bis in die fernsten Länder gelangen dürfte, fortgesetzt, sich bald aber weiter und immer weiter erstrecken werden!

Wenngleich die Zeitung den Eisenbahnluxus in höchsten Tönen preist, eine so ganz ungeteilte Freude sind die frühen Fahrten nicht gewesen. Vor allem deshalb nicht, weil man alles nur mit getrübtem Blick betrachten konnte, denn die Augen der Reisenden in den offenen Wagen wurden mit Ruß und Asche bombardiert. Ein findiger Leipziger erfand ein Abhilfsmittel:

Dampfwagen-Brillen

zum Schutze für die Augen, sind zu haben, à 8 Gr., bei Carl Fischer, Opt. und Mech. Weiße Taube am Theaterplatze.

Abfahrts-Stunden des Dampfwagens vom 27. Mai an.

Die Abfahrt von Leipzig erfolgt pünctlich zur bezeichneten Stunde; die von Machern kann sich zuweilen um einige Minuten verzögern.

Sonntag		Montag		Dienstag		Mittwoch		Donnerst.		Freit.		Sonnab.	
Vormittag	Nachmittag	Vormittag	Nachmittag	Vormittag	Nachmittag	Vormittag	Nachmittag	Vormittag	Nachmittag	Vormittag	Nachmittag	Vormittag	Nachmittag
Von Leipzig.													
6	2	—	2	5	2	—	2	5	2	—	2	5	2
9	4	—	4½	—	4½	—	4½	—	4½	—	4½	—	4½
11½	7½	—	7½	—	7½	—	7½	—	7½	—	7½	—	7½
Von Machern.													
7	2½	—	3	5½	3	—	3	5½	3	—	3	5½	3
10	5	—	5½	—	5½	—	5½	—	5½	—	5½	—	5½
12½	8½	—	8½	—	8½	—	8½	—	8½	—	8½	—	8½

An Markttagen wird bei Borsdorf und Sommerfeld angehalten, wozu besondere Billets à 2 Gr. ausgegeben werden.

Die Sitze in den Wagen 2r und 3r Classe sind ohne Nummern und die Belegung einzelner Plätze nicht zulässig. Von 3r Classe können jedoch ganze Wagen für 24 Personen, von 2r Classe ganze Wagen für 24 Personen, oder auch Coupés für 8 Personen belegt werden, zu welchem Behuf beim Kauf von resp. 8 oder 24 Billets ein besonderer Schein mit Nummer ausgestellt wird, welcher den Besitz des gekauften Coupés oder Wagens sichert.

Die Sitze 1r Wagenclasse sind nummerirt und man kann solche einzeln für Coupés und für ganze Wagen im Voraus durch die Billets sich sichern.

Der Fahrplan stand täglich in der Zeitung

Es ist ein Zufall, daß dieser Augenschützer sein Geschäft gerade am Theaterplatz hatte. Kunst und Technik sind jedoch zwei der Kräfte, deren Zusammenspiel sowohl auf dem Theater als auch bei der Eisenbahn dringend vonnöten sind. Leipzigs Theaterdirektor Heinrich Laube und der Eisenbahninitiator Friedrich List trafen sich Anfang 1833 bei einem Essen im „Hotel de Baviere". Dem Theatermann, obgleich daran gewöhnt, Unwahrscheinliches auf der Bühne in Realität verwandelt zu sehen, war die Dampfroßgeschichte wohl doch nicht ganz geheuer:

Das Projekt, welches am lächerlichsten befunden wurde, war eine Eisenbahn, die von Leipzig nach Dresden gebaut werden sollte. Und selbst ich, der über dieses Eisenbahnprojekt nicht erschrak, sah doch auch bestürzt drein, wenn er beim Nachtische die prächtigen Laubwälder in den Leipziger Flußniederungen niedergeschlagen sehen wollte, weil Sachsen Kohlen genug habe und Kohle allein das richtige moderne Brennmaterial sei. Denn es liege unter der Erde, den Platz auf der Erde brauche man nahe bei einer Stadt zu nötigeren Dingen als zu Wäldern. Er schalt mich, weil ich ihm widersprach, einen Poeten, und das war mir unangenehm.

Revolutionen sind Lokomotiven der Geschichte, und Lokomotiven sind ein Hauptkapitel in der Geschichte der technischen Revolution. Durch die Eisenbahn kam nach Leipzig auch das sogenannte „große Geld" für manche „kleinen Leute".

Der „nichtzünftige" Lackierer Julius Müller hat 1882 seine Lebenserinnerungen aufgeschrieben, vielleicht um der Enkelgeneration bewußt zu machen, daß ihr Wohlstand, in den sie hineingeboren war, nicht vom Himmel gefallen ist, sondern noch im Schweiße des Angesichts und mit der Gunst der Stunde erarbeitet werden mußte:

Ich aber war nicht wenig stolz, diese ersten großen Maschinen in Deutschland „Komet" und „Blitz" aufzulackieren.

...

Das Geschäft erweiterte sich bedeutend, und ich legte allen Überschuß im Stillen beiseite in einen Sack, den ich unter meinem Bett stehen hatte, und sammelte alles in harten Talern an. So kam das Weihnachtsfest 1838 heran. ... Ich begab mich in meine Stube im Parterre des Hauses, zündete eine neue Astrala-Lampe an und zählte die Summe von ca. Reichstalern 1500 ... auf. Hierauf lud ich die ganze Gesellschaft ein, meine Weihnachtsgabe in Empfang zu nehmen. Die Masse blanker Taler, welche auf dem Tische aufgestellt waren, brachte eine unbeschreibliche Überraschung hervor.

Allerdings waren solche „Überraschungen" selten. Auch direkt in den Eisenbahnwerkstätten arbeiteten Menschen; Schlosser, Tischler und Zimmerer, die nicht mehr den städtischen Handwerkszünften angehörten und deshalb „Nichtzünftige" genannt wurden. Für ihren, in Leipzigs langem Leben ganz neuen sozialen Status fanden sie bald auch ein ganz neues Wort, das uns heute alt und vertraut klingt, als hätte es schon immer existiert: *Arbeiter.* In der „Allgemeinen Enzyklopädie der Wissenschaften und Künste", die 1856 bei F. A. Brockhaus erschienen ist, wird zum Gebrauch dieses Wortes erklärt, daß sich jene selbst so nennen, „welche dem arbeitslosen Kapitale gegenüber die Last, die Ehre und das Verdienst der Arbeit" tragen. Wie man zu „arbeitslosem Kapital" kommen konnte, verrät die Werbeschrift „Dr. Heine's Bauareale in den Leipziger Vororten" (um 1885):

Zum Schluß sei noch der Beweis gestattet, daß einer Fabrik unter Umständen

der Bauplatz nicht einen Pfennig kostet!

Angenommen, eine Fabrik mit jährlich 450 Doppelwagen Güterverkehr, kaufe an den Industriebahnen einen Bauplatz in der Größe von 2 000 Quadratmeter zu 30 000 M. Die Zinsen für dieses Anlagecapital würden zu 5% 1500 M. betragen. Da nun aber die Spesenersparnisse bei 450 Doppelwagen 3 375 M. durchschnittlich betragen, so werden durch die 3375 M. nicht nur die 1500 M. betragenden jährlichen Zinsen voll gedeckt, sondern es bleiben noch 1875 M., also mehr als die Hälfte, zur Amortisation

des Anlagecapitals übrig, welches hierdurch innerhalb 16 Jahren vollständig getilgt wird.

Solange alles rollt, nimmt man es kaum zur Kenntnis, doch wenn was schiefgeht, zieht man die Zunge blank. Eine Leipzigerin, im Jahr der Eisenbahneröffnung geboren und mit diesem Kind der technischen Revolution gemeinsam groß geworden, schimpft:

Im Februar (1889) wollte ich wieder nach Dresden. Es war ein ungewöhnlich schneereicher Winter; allerorten gab es Verwehungen und Verkehrsstörungen. Ich wurde gewarnt. Doch da mir Bahnbeamte versicherten, daß bis Dresden alles im Gange sei, fahre ich nachmittags ab. In Machern, zwanzig Minuten hinter Leipzig, tritt ein sibirischer Schneesturm ein; dann folgt ein ungemütlich langer Halt. Die Sache wird bedenklich. Endlich, eine halbe Stunde vor der Station Dahlen, ein gewaltiger Krach, ungeheuere Stöße, die Lokomotive ist entgleist, sie hat sich über die Schienen hingelagert. Auf dem anderen Gleis liegt eine zweite. Wir müssen uns im tiefen Schnee auf unsere Füße stellen und, vom Sturm gepeitscht, nach der Station lustwandeln. ... In der Bahnhofsrestauration ist kein Unterkommen für die Nacht, an Weiterfahren nicht zu denken; der Ort Dahlen liegt ein gut Stück von der Bahn entfernt, die Straße dahin ist dermaßen verweht, daß von den sie eingrenzenden Bäumen nur die Spitzen sichtbar sind. Ich erobere jedoch einen Schlitten und bin eben im Begriff einzusteigen, als ich eine mir bekannte Leipzigerin, ..., mit einem Vogelbauer in der Hand und einem Pinscher auf dem Arm, weinend daherkommen sehe. „Was jammern Sie denn?" rufe ich die sonst so beherzte Frau an. „Danken Sie doch Gott, daß uns nichts Schlimmeres geschehen ist und daß er Ihnen in mir eine Gefährtin schickt! Und nun setzen Sie sich zu mir in den Schlitten, damit wir ins Trockene kommen." Im „Anker" gab's noch zwei Zimmer für uns, freilich erst um 9 Uhr abends. ... Bis zum anderen Abend mußten wir ausdauern; dann nahm uns beide ein Extrazug auf, der für die zur Freilegung der Strecke herbeigerufenen Arbeiter gestellt wurde. Es war keine bequeme Expedition.

G. OPIZ

Man hißte uns in einen Güterwagen hinauf, der uns bis zur Unglücksstelle brachte. Dann mußten wir an den auf den Gleisen liegenden Lokomotiven vorbeiklettern, um in einen der bereitstehenden Wagen dritter Klasse zu gelangen, in dem wir wohlbehalten, wenn auch tüchtig erkältet, unsere abenteuerliche Fahrt beendeten.

Dennoch! Trotz Ruß und Asche, trotz Gerüttel und Geratter, trotz Verspätung und Entgleisung — Eisenbahn ist heute unentbehrlich. Leipzigs Hauptbahnhof, größter Kopfbahnhof in Europa, ist mit seinen 250 000 m^3 umbauten Raumes ein gewaltiges Eisenbahnmonument, ein Verkehrsknotenpunkt.

Das Wort „Verkehrsknotenpunkt" legt die Assoziation des schier unentwirrbaren gordischen Knotens nahe, im Klartext „Verkehrschaos" genannt. Der welterfahrene Feuilletonist Richard Christ schreibt 1972 eine „Ansichtskarte" aus Leipzig. Sein erster Eindruck:

Übrigens kommt es sehr darauf an, wie man Leipzig zur Messe erreicht. Wer sein Herz an unserer Zeit liebstes Spielzeug, das Auto, gehängt hat, wird zur Morgenstunde bereits Schwierigkeiten haben; zügiges Fahren ist meist nur möglich bis zum Stadtrand, dann folgen Einblicke in die Verkehrssituation vom Jahr zweitausend (falls der eigengesteuerte PKW weiter als Krönung des Wohllebens angestrebt wird): Kein Durchkommen mehr, die Straßen verqualmt und verstopft, auf den Parkplätzen unter der Dressur der Wächter schnurgerade ausgerichtetes Blech. Ortsfremde kreisen um den von Halteverbots- und Sperrschildern geschützten Stadtkern wie Piloten ohne Landeerlaubnis — man entdeckt neu die Vorzüge des Fußgängerischen.

175 Jahre früher sah es allerdings, was für die Unverwüstlichkeit Leipzigs und der Leipziger spricht, nur in den Details anders aus:

Wer sich bisher keinen Begriff von einer förmlichen Wagenburg machen konnte, der gehe nur zur Messenszeit in den Brühl, und er wird staunen, wenn er ein Heer Räder und Deichseln so dicht in einander geschoben, und in einer so geraden, doch kaum übersehbaren Linie dastehen sieht, als zur eilften Morgenstunde die Leipziger Wachparade … kaum schnurgerader stehen kann.

Allein was sind die Folgen dieser Räderparade? — Nur mit der größten Mühe windet man sich selbst in das bekannteste Haus, denn zu dieser Zeit in unbekannten Häusern jemand aufzusuchen, wäre Raserei, und ich würde den einen Tollkühnen nennen, der nur zwei Minuten hintreten und nach der Nummer sehen wollte, denn während dieser zwei Minuten kann er wahrlich schon

StVO Anno 1814

Bekanntmachung.

Jeder auf denen Straßen zu Fuß gehende hat den gerechten Anspruch, daß wenn jemand hinter ihm gefahren kömmt, selber dem zu Fuß voraus gehenden besonders während der Meßzeit, bevor er ihm mit denen Pferde-Köpfen anfährt zurufen soll; überhaupt werde ich strenge darauf halten, daß jedermann in denen Straßen langsam fährt.

Leipzig, den $\frac{14}{26}$ September 1814

Der Russisch Kaiserliche Obrist und Stadt-Commandant

Prendel.

„Die Kaerner", Zeichnung von G. E. Opiz, 1825

„Faust und Mephisto", Holzschnitt von Werner Schinko, 1976

zweimal über den Haufen geworfen, und schon zweimal den sanften Druck eines Hufeisens oder eines Schocks Radnägel empfunden haben. Mehr aber noch, und schreiend ist diese Vergehung! leiden die, meistens armen einheimischen Kaufleute darunter, welche gerade an der Reihe dieser Wagenburg ihre Kramläden haben, und welche um so mehr bei dieser Unbilligkeit verlieren müssen, da die meisten derselben mit Materialien handeln, die ihnen der Landmann abnimmt, der sich dann aber wohl hütet, um eines Pfund Kaffes willen durch so viel, ihm eben so wie mir unangenehme Hindernisse, sich durchzuschlagen, unter Pferden und Rädern hinwegzukriechen, und wohl gar die Hälfte der Bohnen zu verschütten, die er in einer sicherern Straße eben so gut und wohlfeil zu erhalten weiß, da ihn bisher blos die Gewohnheit bestimmte, sie bei einem Manne zu holen, zu dem ihm jezt jeder freie Zugang auf eine so unverantwortliche Weise versperrt ist. Wer kanns dem Bauer verargen, von nun an zu einem andern überzutreten, und wer ersetzt denn dem verlassenen Kaufmanne auch nur einen Heller für seinen Verlust?

Wen wundert's da, daß die Leipziger besonders begierig darauf waren, in die Luft zu gehen. Die ersten Schritte dorthin verliefen allerdings wenig erfolgversprechend. Da Leipzig offenbar eine besonders intensive Anziehungskraft zueigen ist, fanden sich die Aeronauten stets bald auf dem festen Boden wieder:

Am letzten Sonntag der Ostermesse 1859, am 22. Mai, hatte der Aeronaut Julius W. Moyel einen Aufstieg seines „Seiden-Luftballons" vom Garten des Schützenhauses aus angezeigt. Eine ungeheuere Menschenmenge strömte in das Schützenhaus, um dieses seltene Schauspiel sich anzusehen. Da meine Eltern mit uns Kindern in dem Schützenhause selbst keinen Platz mehr finden konnten, stellten wir uns auf dem Schneckenberge auf, von welcher erhöhten Lage wir den Aufstieg ebenfalls beobachten konnten. Nicht lange nach der hierfür festgesetzten Zeit erhob sich denn auch aus den um das Schützenhaus herumstehenden Häusern der Ballon. Gravitätisch stieg er unter dem Jubel vieler Tausender in die Höhe und nahm dann seinen Weg über das Postgebäude der Stadt zu. Da sahen wir ihn aber auch schon fallen und zwar ganz rapid. Der „Seiden-Luftballon" war eben nicht ganz dicht gewesen und das Gas entwich ihm mit großer Schnelligkeit. Der Ballon senkte sich auf die zahlreichen auf dem Augustusplatze stehenden Leinewand-, Spitzen- und Gardinenbuden herab und man sah den Luftschiffer die verzweifeltsten Anstrengungen machen, um über dieselben noch hinwegzukommen. Alles, was ihm im Ballon zur Hand war, warf er hinaus, um denselben zu erleichtern. Zuletzt aber streifte seine Gondel doch schon die Dächer der Buden und da zog er schnell entschlossen seinen Rock aus, den er unter das Publikum

schleuderte. Dadurch kam er noch eben über die letzte Budenreihe hinweg, dann aber fand seine Luftreise auf dem Wege zwischen den Buden und der Paulinerkirche neben Café Felsche ein unrühmliches Ende. Moyel ist dann nicht wieder in Leipzig aufgestiegen, da er seitens des Rates die Genehmigung dazu nicht mehr erhielt.

Fünfzig Jahre später beflügelte ein anderes luftiges Ereignis die Phantasie der Leipziger. Es heißt so schön: Pfingsten sind die Geschenke am geringsten; das hat damit zu tun, daß es bei diesem Fest vordergründig um Ideelles geht, um etwas, das „von oben“ kommt. Der Blick der Leipziger war am Pfingstsonntag 1909 starr gen Himmel gerichtet, denn dort sollte das jüngste Wunder der Technik vom Geist der neuen Zeit künden. Leipzig erwartete den Zeppelin. Die Lehrer ließen die Gelegenheit, das grandiose Erlebnis durch einen Aufsatz zu vermiesen, nicht ungenutzt verstreichen: Der Schüler Fritz T. hatte die Sache so gesehen:

Zepelihn hat den Luftbahlong erfunden, desterhalb ist er ein ser berimmter Mann. Er ist größer wie ein Kirchturm und sied aus wie eine Wurst. Untendran hat er eine Kondel hängen, aus der er Brieffe wirft und wingt. Hinten hat er eine Windmülle, die sich ihmer dret.

Für den Schüler Arthur Heimburger, der dann viel später die Presseabteilung des FDGB leitete und Chefredakteur der „FDGB-Rundschau“ wurde, war dieser Aufsatz sein „allererster Reportageversuch“:

Ich konnte auf eine weite Wiesenfläche blicken, auf der Zeppelin II landen sollte. Die Wiese war von Soldaten abgegrenzt. In der Mitte standen Offiziere, Photographen, Journalisten, Zeppelins Neffe, eine Abteilung Pioniere und andere. Nun konnte Zeppelin kommen. Aber er kam nicht. Minuten, Stunden verrannen. Zeppelin ließ sich nicht blicken. Die Soldaten hatten sich ins Gras gelegt. Auch Zeppelins Neffe hatte sich hingestreckt. Die Sonne brannte fürchterlich. Viele Leute gingen enttäuscht nach Hause. Plötzlich schwenkte ein Soldat mit einer gelben Fahne nach dem Rathaus. „Er kommt!“ schrie es aus vielen Kehlen zugleich. Doch wie man auch guckte und den Hals reckte, es war nichts zu sehen. Endlich, es mochte $^1/_2$5 Uhr sein, bewegte sich von Westen her ein kleines Wölkchen der Stadt zu. Immer näher und näher kam es, bis man das Luftschiff wahrnehmen konnte. Jetzt ging auch das Gedränge los. Ich war plötzlich zwischen mehrere

Personen eingekeilt. Das Luftschiff führte ein hübsches Manöver aus. Es senkte die Spitze, ließ den hinteren Teil folgen und schwenkte nach links und rechts. Es war ein herrliches Schauspiel.

Doch auf den „Clou", Landung und Start der „Aerozigarre" erleben zu können, mußten die Leipziger an diesem Tag noch verzichten. Dafür wurden sie vier Jahre später reichlich entschädigt; als der Leipziger Luftschiffhafen bei Lindenthal eröffnet wurde, nach dem Berliner in Johannisthal der zweite deutsche Flugplatz überhaupt und sogar der größte, konnten gleich zwei Zeppeline, die „Sachsen" und die „Victoria Luise" bewundert werden. Aber die Zeppelin-Begeisterung war kurz, denn schon bald wurden die gemütlichen Riesen der Lüfte zu Kriegsmaschinen gemacht.

Wie kriegerische Zweckbestimmtheit selbst die friedlichste Einrichtung in ihr Gegenteil verkehren kann, zeigt auch eine Episode aus der Geschichte der Leipziger Feuerwehr. In der auf engstem Raum gebauten Stadt war die Brandbekämpfung in Friedens- und in Kriegszeiten seit je her eine alle Bürger einende Notwendigkeit. Schon 1445 machte die „Ordinatio vom Feuer und Mistfahren" den Einwohnern der Stadt zur Pflicht, „... sobald der Sturmschlag geschieht — einen oder mehrere der ihrigen mit Äxten, Schippen, Handspritzen, besonders aber mit denen in ihren Häusern habenden Wasser-Eimern und zum Löschen dienlichen Dingen zum Feuer (zu) schicken". Brandschutz wurde in Leipzig stets so ernst und erfolgreich betrieben, daß die Stadt, im Gegensatz zu vielen anderen, während ihres langen Lebens niemals völlig niederbrannte. So ist es schon sehr makaber, daß gerade ein Branddirektor der Leipziger Berufsfeuerwehr für den Einsatz im ersten Weltkrieg einen Flammenwerfer erfand, den er mit dem „Totenkopfregiment" der Leipziger Feuerwehrmänner auch eingesetzt hat. Das brandstifterische Tun der eigentlichen Brandschützer und wie sie selbst „verheizt" wurden, kann man wohl kaum perverser kommentieren als so:

Mit der durch den Beruf bedingten und im Frieden anerzogenen Einsatzfreudigkeit hat sich das Feuerwehrkorps auch im Kriege geschlagen, das beweisen seine hohen Verlustziffern von 28 Toten und 63 Verwundeten.

Aber zur selben Zeit wurden in Leipzig auch Dinge produziert, die sich als Lebensretter erwiesen — Bücher. Der Schriftsteller Friedrich Wolf erzählte davon:

Und noch eines sei am Rande bemerkt, was mit dem kleinen Format und der Popularität jener Büchlein zusammenhing. Wir hatten in mehreren Fällen beobachtet, daß die Kugeln und Splitter durch ein doppeltes Reclambändchen, das man in der Brusttasche tragen konnte, infolge der elastischen Beschaffenheit des Papiers abgelenkt wurden.

Und mit Büchern erbringt Leipzig sogar seinen speziellen buchstädtischen Beitrag zur friedlichen Erforschung des Weltraums; an Bord von Sojus 31 umkreiste eine kosmische Bibliothek die Erde — Minibücher aus Leipzig.

Fassadenschmuck am Zeppelinhaus in der Nikolaistraße

ZEPPELIN
HAVS

Um-Sichten

Die Namen ihrer vier Wassermühlen merkten sich die Leipziger mit dem Spruch:

THOMAS ging mit seiner NONNE
BARFUSS übern ANGER weg.

Vorhergehende Seiten: Maniküre für Riesen: Frühjahrsputz im Völkerschlachtdenkmal; das „Reichsgericht" im Schneematsch

Ansichtskarte: Angermühle ... übrig blieb der „Mühlen-Stein"

IFA
VERTRIEB
mobile
Jacob-
Straße.
L – 25
Ehemals stand hier die
Jacobskirche.

Die Nikolaikirche: zwischen Erkerkopie und Apothekenneubau die restaurierte barocke Turmhaube; ihr klassizistischer Innenraum

Leipziger Löwenschenke

Fütterung vor der Nikolaikirche

Wohltat für Passanten: Trinkbrunnen von Victor Seifert im Messehaus Specks Hof

Leipziger Leut

Einen richtigen Leipziger kann man dann richtig erkennen, wenn man ihn nach dem rechten Weg fragt. Der richtige Leipziger gibt erschöpfend Auskunft, garniert mit kulturgeschichtlichen oder aktuell-politischen Arabesken. Er hört auch nicht gleichgültig zu, wenn zehn Schritt entfernt eine falsche Auskunft erteilt wird, denn der richtige Leipziger gibt seine Auskünfte immer so, daß sie auch zehn Schritt entfernt noch zu verstehen sind. Und die Auskunft, die ein anderer gibt, ist grundsätzlich falsch, zumindest aber unvollständig. Nicht selten müssen sich zwei, drei oder vier Leipziger, die dem Fremden hilfreich beistehen wollen, erst untereinander einigen, bevor man den Suchenden in die Geheimnisse der städtischen Kapillarstruktur einweiht. Der richtige Leipziger verpaßt auch ohne mit der Wimper zu zucken die eigene Straßenbahn, wenn er dafür einen Fremden in die richtige Linie bugsieren kann, oder er nimmt einen „Umbogen" in Kauf, um unterwegs „Bescheid geben" zu können. Natürlich ist nicht jeder, den man in Leipzig nach dem rechten Weg fragt, ein richtiger Leipziger.

Der richtige Leipziger kann ausgesprochen „digsch" werden, wenn man an seiner Stadt herummäkelt. Ein Reiseleiter hatte einige Amerikaner durch sein Leipzig zu führen, von denen man den Eindruck haben mußte, sie wären hauptsächlich deshalb gekommen, um zu demonstrieren, daß sie Amerikaner sind.

„Das Zentralstadion ist das größte Stadion der DDR, es bietet 100 000 Zuschauern Platz", erklärte der Reiseleiter.

„Nice", sagte einer der Amerikaner, „aber unsere Stadions sind, may be, dreimal so groß."

Vom Hotel Merkur wußte der Reiseleiter zu berichten: „Es ist mit seinen einhundert Metern das höchste Hotel Leipzigs und zugleich das modernste."

„Nice", kommentierte der Amerikaner, „aber in Amerika haben wir Hotels mit twohundred Meters Höhe und viel moderner."

Als der Bus dann am Völkerschlachtdenkmal vorüberfuhr, verlor der Reiseleiter kein Wort. Einer der Amerikaner kam zu ihm heran und fragte aufgeregt: „Was ist das für ein wonderful building?" Aber der Leipziger „digschde", er sah nur kurz zum Fenster hinaus, zuckte die Achseln und sagte: „Keine Ahnung. Stand gestern noch nicht da."

Für manchen Fremden bedeutete die Wegekundigkeit der Leipziger Rettung in höchster Not. In den Tagen der Völkerschlacht hatte sich Napoleon einen ortskundigen Führer „engagiert". Wer kennt sich besser aus auf den Straßen, in den Gassen und den feinsten Verästelungen einer Stadt als ein Briefträger, ein Postillion? So war die Wahl auf den Leipziger

Postillion Gabler gefallen. Es war eine ausgefallene „Extra-Post", die er für den Franzosenkaiser zu besorgen hatte, wie man dem Protokoll entnehmen kann, das nach Gablers Rückkehr in die Leipziger Posthalterei aufgenommen worden ist:

Bei Meusdorf wurde in den heute noch sogenannten Teichen ein Zelt aufgeschlagen, wo der Kaiser blieb und die Nacht über schlief. Auch Gabler mußte hier bleiben. Auch Sonntags, am 17., blieb der Kaiser hier, ohne den Ort zu verlassen. Abends 10 Uhr ritt er nach Stötteritz in das größte Gut, wo der Pachter Schölzig war. Hier blieb er über Nacht bis früh den 18. Oktober gegen sieben Uhr, wo aufgebrochen und durch Leipzig geritten wurde bis über Lindenau. Hier war eine Sternschanze, die er besah. Von hier kehrte er nach Stötteritz in sein Quartier zum Pachter Schölzig zurück und blieb bis gegen zehn Uhr, wo der erste Kanonenschuß fiel zwischen Probstheida und Zuckelhausen. Gleich nach diesem Schusse brach er auf und hielt in der Nähe der sogenannten Schnupftabacksmühle, wo der Weg von Connewitz heraufkommt. ...

Gegen zwölf Uhr mittags ritt der Kaiser von der Tabaksmühle aus gerade über an den Batterien herauf bis an den Gasthof von Probstheida. ... Auf dem Wege von der Mühle nach dem Chausseehause ritt Gabler mit seinem flüchtigen Pferde voraus und sprengte mit Leichtigkeit über die entgegenkommenden Gräben. Napoleons Schimmel ging nicht so leicht darüber, sondern er mußte ihn auf der einen Seite in den Graben leiten und auf der anderen wieder heraussprengen. Deshalb rief er Gabler immer nach: là, là, là! bis ihm der Adjutant den Befehl erteilte, langsamer zu reiten, da der Kaiser so schnell nicht nachkommen könne.

...

Gegen halb sieben Uhr in der größten Dunkelheit verließ der Kaiser das Schlachtfeld und ging nach Leipzig in das Hotel de Prusse. Nach sieben Uhr kamen schon Tausende auf der Retirade von Probstheida her. Da die Grimmaische Straße von einkehrenden Wagen und Mannschaften dicht gedrängt war, so führte Gabler den Kaiser an dem Spitalteiche vorüber auf die Johannisgasse, die sie auch ohne ein Hindernis passierten, in das genannte Hotel, wo Gablers Pferd mit dem des Kaisers eingezogen wurde. Vor dem Hotel biwakierten die Garden, Gabler ist hier unter den Soldaten geblieben. Er wurde auf Befehl des Kaisers bewacht, damit er nicht entrinnen könne.

...

Dienstags, am 19. Oktober, blieb der Kaiser im Hotel de Prusse früh bis gegen neun Uhr, von wo aus er in die Stadt auf den Markt ritt, am Thomäschen Hause abstieg und den König von Sachsen besuchte, mit dem er sich beinahe eine Stunde in der Erkerstube unterhielt. Nun ritt der Kaiser die Hainstraße hinunter, aber am Ranstädter Tore konnte er vor der auf der Retirade begriffenen Armee nicht hinaus. Nun kehrte Gabler um, und am Barfußgäßchen, wo er hinaus wollte, wurde er von den Badenern nicht hinausgelassen. Die Wache wollte erst die Schlüssel des Pförtchens vom Kommandanten holen, worauf man natürlich nicht warten konnte. Gabler lenkte sein Pferd, und der Kaiser folgte ihm schweigend. Nun ritten sie die Postgasse, Burgstraße und zum Peterstore hinaus um die Allee nach der Bürgerschule bis zum Boseschen Garten, wo Napoleon beinahe eine halbe Stunde hielt. Die Alliierten drängten sehr zur Stadt herein, und die Kanonenkugeln schlugen in der Bürgerschule ein. Von hier ging es nun auf der Allee zurück nach dem Ranstädter Tore zu; allein von da an sind sie beinahe eine Stunde bis zum äußersten Tore geritten, denn das Gedränge der fliehenden Armee war so groß, daß der Kaiser nicht durchkonnte und dem Gedränge oft lange zusehen mußte und manchmal wohl zwanzig Minuten hielt. Die Brücke nach dem Spital und über den Mühlgraben wurde schon abgehackt. Nun ritt der Kaiser nach Lindenau und zuerst nach der Sternschanze. ... Die Armee mußte haltmachen. Die Infanterie stellte die Flinten in Pyramiden auf, die Kavallerie mußte absitzen. Nach Leutzsch und nach Kleinzschocher zu gingen Kavalleriepatrouillen.

Von da ritt der Kaiser in die Lindenauer Mühle und wartete auf den Marschall Macdonald, nach dessen Erscheinen die Brücke an der Mühle abgebrochen wurde. Nun ging es nach Markranstädt zu, und der Kaiser ging mit der Armee. ... Im Rautenkranze zu Markranstädt blieb der Kaiser bis Mittwoch den zwanzigsten früh ein Uhr. In aller Stille wurde aufgebrochen. Gabler beschreibt die Stille wahrhaft grausenerregend. Niemand durfte ein Wort sprechen, und wo sich das geringste Geräusch erhob, da wurde von den Offizieren schnell demselben durch stille Ermahnung abgeholfen. Hier hatte auch der Kaiser seinen bisherigen Gleichmut verloren. Er fuhr, ohne ein Wort zu wechseln, in einem mit acht Rappen bespannten Wagen. Die Kanonen und Wagen gingen dann mit dem Kaiser durch Lützen; von Markranstädt aus fuhr der Kaiser bis Rippach. Die Infanterie mußte auf der einen Seite, die Kavallerie auf der anderen um Lützen herummarschieren, da Gabler den Adjutanten versichert hatte, daß Lützen von keinem Flusse auf keiner Seite gesperrt sei. Ununterbrochen ging der Marsch bis Rippach. Hier gegen acht Uhr früh angekommen, blieb der Kaiser ungefähr drei Stunden, bis Nachrichten wegen des Übergangspunktes in Kösen ankamen. Und da er erfuhr, daß Kösen schon besetzt war, ging er in Weißenfels über die Saale. ... In Weißenfels trennte sich Gabler mit mehreren Polen, zwei sächsischen Kürassieroffizieren und anderen von der Suite, indem sie sich von der Post aus heimlich entfernten und sich im Saaletal verhielten, bis die russische Armee ankam, der sich die zurückgebliebenen, zunächst polnische Offiziere, ungefähr zwanzig an der Zahl, ergaben und durch ein Kosakendepot nach Leipzig gebracht wurden. Hier wurden sie vor den russischen, preußischen und österreichischen Kommandanten gestellt und mußten ihnen, besonders Gabler, den Weg beschreiben, auf welchem der Kaiser hinausgegangen war. ... Gabler kehrte hochbeglückt, so vielen Gefahren entkommen zu sein, in der Posthalterei ein und trat noch an demselben Tage seinen Dienst als Postillion wieder an, da ihm aufgetragen wurde, einen General nach Halle zu fahren.

Wenngleich Napoleon in der nämlichen Angelegenheit nicht zu Protokoll vernommen werden konnte, so ist doch zu vermuten, daß er Gablers Kundigkeit durchaus zu schätzen, weil auch kaiserlich zu honorieren gewußt. Gablers Taxe betrug 1 Louisdor per Tag; den Lohn für den 20. Oktober, den Tag also, an dem er sich in Weißenfels aus dem Staube Napoleons gemacht hatte, überwies ihm der flüchtige Kaiser aus Frankfurt am Main.

Wer ohne einheimischen Führer nach Leipzig kommt und darinnen auskommen muß, lernt die Stadt und ihre Bürger zwar langsamer, aber nicht unbedingt schlechter kennen.

Die Lage Leipzigs ist nicht so malerisch wie die von Dresden; denn es liegt mitten in einer großen Ebene. Da aber diese Ebene sehr gut bestellt und mit Feldern, Gärten, Lustwäldern und Dörfern, in zierlicher Abwechslung, bedeckt ist, so findet das Auge mannigfaltige Veränderungen und ermüdet nicht leicht. Die Lage Dresdens ist herrlich und die von Leipzig artig. Jene kann man mit einem Frauenzimmer vergleichen, bei welcher jeder auf den ersten Blick ausruft: Was für eine Schönheit! Und diese ist einem Mädchen gleich, die jedermann gefällt, aber nur nach und nach, die alle einstimmig loben, nur ohne Begeisterung, und von welcher man mit einer stillen und angenehmen Bewegung der Seele sagt: Sie ist reizend!

Während der russische Reisende Nikolai Michailowitsch Karamsin, als er am 15. Juli 1789 in Leipzig eintrifft, die Stadt zwar mit einem Mädchen vergleicht, doch damit noch wenig über die Leipzigerin sagt, vertraut der schwäbische Student Samuel Baur am 27. Mai 1791 seinem Tagebuch an:

Mit innigem Vergnügen wanderte ich diesen Nachmittag ein paar Stunden durch die Straßen und beobachtete das Menschengewühl und dessen mancherlei Handlungen. ... In Ansehung des Kleiderluxus sah ich hier das ganze Modejournal aufs pünktlichste nachgeahmt, und wohl auch noch mehr. Indessen glaub ich doch, daß das hiesige Frauenzimmer Geschmack besitzt, und schöne Gesichtchen sah ich in Menge, aber unter dem Volke sind sie doch seltener als in Ulm, welcher Mangel aber hier durch geschmackvolle Kleidung ersezt wird.

Den Kleidertrick oder -tick der Leipzigerin hat er also schon am dritten Tag seines Aufenthaltes in der Stadt durchschaut. Die staatlichen Sparmaßnahmen, Kleiderordnung genannt, die am 21. Februar 1750 erlassen worden war, wurden offenbar schon nicht mehr so ganz ernst genommen. Dabei war von „Augustus Rex" genau bestimmt worden, wer was tragen dürfe:

§ 1.
Alle Minister, Generäle, Räthe und Königl. Bediente, auch außer Diensten stehende Grafen und die von Adel, können nach Belieben, Gold und Silber, Tressen, Spitzen, Fransen und Gespinste tragen; es wird aber seiner Majestät zu gnädigstem Gefallen gereichen, wenn selbige alle übrige Kleiderpracht vermeiden, den an sich billigen Unterschied zwischen Hohen und Niedern hierbei gehörig observieren und sich im Lande fabrizirte Waren anschaffen, wobei das Königl. Haus selbst mit gutem Exempel vorgehen wird.

§ 5.
Alle übrigen bürgerlichen Personen, wie sie Namen haben, sollen allen Goldes und Silbers, seidene Zeuge etc. sich enthalten, und nur goldener und silberner Knöpfe und Einfassung um den Hut sich bedienen.

§ 6.
Dem Bauernstande wird in genere Gold, Silber und ganz seidene Zeuge zu tragen gänzlich verboten.

§ 7.
Der Gebrauch des Rauchwerkes als Zobel, Hermelin u. a. verbleibt denen in § 1 und § 2 genannten Personen vorbehalten.

§ 9.
Weiber und Töchter richten sich nach ihren Männern und Vätern; Handwerks- und Bürgerweibern aber ist nicht weiter erlaubt, lange Schlepp- noch viel weniger Mantelkleider zu tragen.

§ 10.
Alle Dienstmägde, Köchinnen sollen schlechterdings wollene, leinene, inländische Zeuge, von ganz seidener Ware nichts tragen, als was zu Corsetten, Hauben, Mützen in gehörigem Maße erlaubt ist. Fischbein- und Steifröcke aber werden ihnen gänzlich verboten.

§ 14.
Ausländer und fremde Studiosi behalten die Freiheit, sich allenthalben ihres Gefallens zu tragen.

Für Verstöße gegen dieses königliche Dekret wurden Strafen zwischen 60 Groschen und 10 Talern angedroht. Aber nicht nur an die mehr oder weniger erlauchten Konsumenten wandte sich das Gesetz, auch die Produzenten wurden vergattert:

Die Schneider und andere Verarbeiter der Kleider und Waren sind von jeder Obrigkeit besonders auf ihre Bürger- und Untertanenpflicht zu erinnern, nichts, was dieser Kleiderordnung entgegen, zu verarbeiten, bei unnachbleiblicher Strafe etc.

Wenn man das seit 1701 erscheinende „Leipziger Adreßbuch", eine Art „Statistisches Jahrbuch" jener Jahre, durchsieht, wird man feststellen, daß es in der Stadt sehr viele gab, die auf Einhaltung dieser Ordnung sehen mußten. Im Jahre 1770 gab es in Leipzig immerhin:

294 Schneider
204 Schuhmacher
81 Perückenmacher
64 Kürschner
42 Gold- und Silberdrahtzieher, -plättner und -spinner
35 Knopfmacher
26 Posamentierer und Bortenwirker
13 Hutmacher
12 Sammetfabrikanten
8 Beutler und Handschuhmacher

Um das leibliche Wohl der etwa 25000 Leipziger sorgten sich bedeutend weniger Handwerker:

39 Fleischhauer
34 Bäcker
15 Fischer
4 Müller.

Aber
45 Branntweinbrenner
42 Gasthöfe (Hotels)
26 Bierschenken
24 Weinschenken
14 Kaffeewirte
befriedigten die „geistigen" Bedürfnisse der Einwohner und ihrer Gäste. Welch ausgefeilte Techniken zum Einfangen durstiger Geister diese Berufsgruppe im Laufe der Zeit entwickelte, hat Ernst Theodor Amadeus Hoffmann am eigenen Leibe erfahren:

Das Leben in Leipzig ist sehr angenehm und gar nicht so teuer wie man es ausgeschrien. Man würde noch wohlfeiler leben, wenn nicht eine ganz fatale Einrichtung stattfände, die manchen Gulden kostet. Auf dem Markte und in der Petersstraße gibt es nämlich sogenannte italienische Keller: Mainone, Treiber, Rossi u. a. m. Geht man nun vorüber, so ist die Straße vor der Türe so abschüssig, daß man ganz unversehens die Treppe hinunterstolpert; ist man unten, so befindet man sich zwar in einem sehr artig möblierten Zimmer, aber die verdammte Kellerluft — gegen diese muß man ein Glas Bischof oder Burgunder trinken und einen Sardellensalat mit Muscheln, Cervelatwurst, Oliven, Kapern u. s. w. essen. Ja, diese Einrichtung kostet manchen Gulden!

Die größte Gruppe innerhalb der Gewerbetreibenden Leipzigs waren jedoch die Kaufleute und Kramer, die Ludwig Kalisch, der Demokrat vom Rhein, im Jahre 1845 so beschrieb:

Hat ein geräuchertes Herz und eine eingepökelte Seele, . . . Liebt den Profit über alles und seine Waage wie sich selber. Prüft das Herz und die Nieren der Tüten und Scheidemünzen und macht für einen einzigen Pfennig zwei Kratzfüße; zeigt einen natürlichen Widerwillen gegen Großmut und lyrische Gedichte und hat eine Abneigung gegen alles, was nicht in seinen Kram taugt.

Das schöne an Satire ist, daß man derartig überspitzte Aussagen mit konkreten Beispielen sofort widerlegen kann. Krämergeist in Leipzig? Widerwillen gegen lyrische Gedichte? Absoluter Unsinn! Um nur ein Beispiel zu nennen: Der Leipziger Kaufmann Christoph Friedrich Bretzner war seinerzeit ein bekannter Singspielverfasser, dessen Drama „Belmonte und Konstanze" als Textvorlage zum Libretto keines geringeren Werkes als zu Mozarts „Entführung aus dem Serail" gedient hat! Ob sich der Kaufmann dadurch geehrt gefühlt hat, daß ein berühmter Komponist an einem seiner Werke Gefallen gefunden und es zu Weltruhm geführt hat? Für Ruhm und Ehre

Kaufmännischer Jubiläumskitsch

Der Wohlstand von den Inwohnern Leipzigs ist, im Ganzen genommen, äußerst blühend, ob man gleich Dürftigkeit, die im Stillen seufzt, reichlich genug antrifft. ... In dem Schoße des Kaufmanns, dieser herrschenden Klasse zu Leipzig, scheint Fortuna, die launige Göttin, ihren Überfluß völlig ausgegossen zu haben. Die Künstler und Handwerker haben ihrer Huld in minderem Grade sich zu erfreuen; denn beide sind durch die Verschwendung der Tochter des Zufalls von dem Kaufmann abhängig geworden, und diese Abhängigkeit ist das Traurigste, was dem Bürger nur immer zu Teil werden kann.... Die Folgen hievon sind in dem ganzen Ton der Leipziger sichtbar: der Kaufmann, voll Stolz, verachtet alles, was nicht in seine Sphäre gehört, und behandelt alles, als ob es bloß Mittel zu seinem Zwecke sei; der Bürger, den überdies noch politische Ketten drücken, ist kleinlich, gezwungen, nur zu oft selbst Karikatur.

(GEORG HEINRICH KAYSER, 1798)

kann man weder Tran noch Kattun einkaufen! Also inserierte er im Jahre 1782 in der Leipziger Zeitung:

Ein gewisser Mensch, namens Mozart, in Wien hat sich erdreistet, mein Drama „Belmonte und Konstanze" zu einem Operntext zu mißbrauchen. Ich protestiere hiermit feierlich gegen diesen Eingriff in meine Rechte und behalte mir Weiteres vor.

Christoph Friedrich Bretzner

„Nach Golde drängt / Am Golde hängt / Doch alles!" läßt Goethe das Mädchen Gretchen schon im „Urfaust" sagen. Denkbar, daß ihm dieser Satz ein „Souvenir de Leipzig" war.

„Den Charakter des *wahren* Leipzigers bezeichnet man als einen *kaufmännischen,* mit allen seinen Folgen. Man behauptet, daß Vieles, auch hinsichtlich mancher Tugenden Berechnung sei." Zu diesem Schluß kam der Leipziger Journalist C. C. C. Gretschel im Jahre 1836. Die genannten Eigenschaften sind wohl Grundvoraussetzung für die besonders in Leipzig zu beobachtenden „fliegenden Händler" und die „Verkaufsgenies" unter ihnen, wie Seiferts Oskar eines gewesen ist. Arthur Heimburger, ein alter Leipziger, kann sich noch an ihn erinnern:

Sein Stand war nicht zu übersehen, und zu überhören war Oskar schon überhaupt nicht. Er hatte es verstanden, sich Jahr für Jahr dicht am Eingang des Meßplatzes zu postieren. Sein lautes Organ war weithin zu vernehmen.

Der Verkaufsstand bestand aus Auslagekästen, die im Viereck aufgestellt waren. Die Mitte war frei gehalten. Von da aus agierte Seiferts Oskar. Man muß es so ausdrücken; denn es war eine Rolle, die er spielte, die Rolle eines derben, leicht cholerischen Anreißers. In den Kästen waren die verschiedensten Gegenstände ausgelegt, alles billiger Krempel, ohne Zweifel billig erstanden. Ramsch nannten es die Leute. Seiferts Oskar begann mit seiner stets belegten, aber durchdringenden Stimme. ...

„Hört mal her! Seiferts Oskar ist wieder da. Heute könnt ihr bei mir billig einkaufen. Heute verschenk ich was. Heute habe ich meine Spendierhosen an."

Hatte sich eine größere Menschenmenge angesammelt, griff er in eines der Fächer:

„Ei, was haben wir denn da?" Er hielt ein Paar Hosenträger hoch.

„Zwei Mark das Paar."

„Soll ich sie verschenken? Mach ich. Wer willse ham?" Man lachte.

„Das ist Gummi, Gummi, Gummi!" Die Hosenträger wurden langgezerrt.

„Gummi, Gummi! Das reicht von hier bis Liebertwolkwitz."

Er nahm sich einen jungen Kerl aufs Korn: „Biste nicht von Wulks? Da gibts das nich, hä? Willste se ham? Zwee Mark. Nee? Na, dann schlag dir een Nagel ins Kreize, da kannste deine Hosen dranbammeln."

Um einen Leipziger in geschäftlichen Dingen übers Ohr hauen zu können, sollte man schon mit allen Wassern gewaschen sein, am besten so, wie der dreimal getaufte Till Eulenspiegel:

Schnell kunnt Eulenspiegel eine gute Schalkheit finden, als er wohl bewies zu Leipzig den Kürschnern an der Fastnachtabend, als sie ihr Gelag oder Zeche zusammen hielten. Da begab sich, daß sie gern Wildbret hätten gehabt. Das vernahm Eulenspiegel und gedacht an seinem Mut: ‚Der Kürschner zu Berlin hat dir nichts für dein Arbeit gegeben, das wollen dir diese Kürschner bezahlen.‘ Also ging er in sein Herberg, da hätt sein Wirt ein schöne feiste Katz, und dieselbe nahm Eulenspiegel unter sein Rock und bat den Koch um ein Hasenfell, er wollt darmit eine hübsche Büberei aufrichten. Der Koch gab ihm ein Hasenfell; darein näht er die Katz und tät Baurenkleider an und stund vor dem Rathaus und hielt sein Wildbret unter der Joppen verborgen so lang, daß der Kürschner einer daher kommt gelaufen. Den fragt Eulenspiegel, ob er nit einen guten Hasen kaufen wollt, und ließ ihn unter die Joppe sehen. Da kamen sie zusammen, daß er ihm vier Silbergroschen für den Hasen gab und sechs Pfennige für den alten Sack, da der Has in stak. Den trug der Kürschner in ihres Zunftmeisters Haus, da sie all beeinander waren mit großem Geschrei und Fröhlichkeit, und sagt, wie er den schönsten lebendigen Hasen gekauft hätt, den er in einem Jahr gesehen hätt, den sie all umher nacheinander betasteten. Da sie nun den in der Fastnacht han wollten, so ließen sie den Hasen lebendig laufen in einem beschlossenen Grasgarten und holten junge Jagdhund und wollten also Kurzweil mit dem Hasen han.

Als nun die Kürschner zusammenkamen, ließen sie den Hasen laufen, und die Hund dem Hasen nach. Als nun der Has nit entlaufen kunnt, sprang er auf die Bäum und ruft „miau“ und wär gern wieder zu Haus gewesen. Da nun die Kürschner das sahen, ruften sie heftig: „Ihr lieben, guten Stallbrüder, kommet, kommet, der uns mit Katzen geäfft hat, schlahet ihn tot.“

Es bleibt wohl darbei, denn Eulenspiegel hätt sein Kleider ausgezogen und sich verändert, daß sie ihn nit kannten.

Das LXXXIII Blat

SChnel kund Ulẽspiegel ei-
ner güten schalckheit geraten / alß er wol be
weiß zů Lypßigk / den kürßnerern an ð fast
nacht abent / als sie ir gelagt oder ürtin zů
sammẽ hielten. Da begab sich / dz sie gern wilpred hettẽ
gehebt. das vnã Vlẽspiegel / vñ gedacht in seinẽ müt / ð
kürßner zů Berlin het dir nüt für deĩ arbeit gebẽ / dz sol
len dir dise kürßner bezalẽ. Also ging er in sein herberg /
Da het sein wirt ein schone feiszte katz vnd dyselbe nam

Nach der Eulenspiegel-Methode „Wie du mir, so ich ihm“ sind die Leipziger Kürschner dann mit ihren Kunden verfahren. Mit der ihnen eigenen Findigkeit haben sie die Methode noch extensiviert und intensiviert; aus einer Katze einen Hasen zu machen, das lohnt kaum der Mühe, man muß schon die entscheidenden Reserven aufdecken, um mindestens einen Marder, wenn nicht gar einen Tiger daraus zu zaubern. Man könnte glauben, die komplette Arche Noah träfe sich in Leipzig zum Karneval der Tiere, wenn man die Enthüllungen des rasenden Reporters Egon Erwin Kisch liest:

Karnickel, Ziegen, Lämmer, Katzen und heimische Wald- und Wiesentiere wie der Hamster, das Reh, der Hase oder das Eichhörnchen feiern ihre Auferstehung als Biber, Otter, Gazelle, Antilope, Iltis, Nutria, Marder, Zobel und Nerz. Dieser Münzver-

fälschung, die man Veredelung nennt, unterliegen die Raubtiere nicht minder, man malt dem Rotfuchs ein Kreuz auf die Grannen, damit er als Kreuzfuchs gelten könne; mit Anilin zeugt man ihn zum Blaufuchs um. Fliegende Hunde werden auf Edelmarder verarbeitet und Känguruhs auf Skunks und Zobel.

. . .

Zurichtereien und Färbereien machen das Haustier zum Raubtier und das Raubtier raubtierhafter. Seltsamerweise sind es die Sachsen, die sich diesem Gewerbe der Verwilderung, der Bestialisierung ergeben haben. Man verspottet das Phlegma der Sachsen mit der Behauptung, die Ehegattin zische im Orgasmus ihrem Mann auf sächsisch zu: „Kratz mich, beiß mich, gib mir Tiernamen", worauf er ihr das Wort „Du Iltis" entgegenschleudert. Er stammt gewiß aus Lindenau bei Leipzig, wo es alltäglich ist, ein Kaninchen in einen Iltis zu verwandeln.

All die edlen oder aufgeedelten Rauchwaren sind nicht für jene bestimmt, die in Schweiß und Gestank das Pelzwerk bereiten. Sie gehören ja nur zum „gemeinen Volk", dessen Charakter im „Tableau von Leipzig im Jahre 1783" folgendermaßen beschrieben wird:

Seine Höflichkeit muß man erkaufen. Gibt man ihm Geschäfte, so nutzt es jeden kleinen Vorteil der Betrügerei. ... Es berauscht sich gern in hitzigen Getränken und lästert bei einem Glas Branntwein alle Menschen, sich selbst nicht ausgenommen. Da ist keine Verordnung des Raths, die sie nicht begeiferten. ... Alle Wege zur Bildung sind ihnen abgeschnitten, das Schauspiel können sie ihrer Armut wegen nicht besuchen. Reichtümer anderer Menschen, die ihnen immer in die Augen fallen, machen ihren Charakter ungestüm. Aber unser Pöbel ist zu furchtsam, aus den Schranken seines drückenden Elendes herauszutreten und etwas anderes zu tun, als insgeheim zu murren.

In seinen Schlußfolgerungen hat sich der Verfasser gründlich geirrt. Handwerker- und Gesellenrevolten durchziehen als roter Faden die Stadtgeschichte. Ihren Höhepunkt erreichten sie im September 1830. Das Kriegselend der Völkerschlacht war gerade vernarbt, aber die Narben schmerzten noch. Die Fremdherrschaft der Franzosen war besiegt; aber was für ein Sieg? Die deutschen Throne standen fest im Fleisch des Volkes, das vom funkelnden Wein der Republik gekostet hatte. Jetzt wurde wieder „öffentlich Wasser gepredigt". Als 1826 in der Offizin von F. A. Brockhaus die erste Buchdruckschnellpresse in Betrieb genommen wurde, schaffte man als Antrieb keine Dampfmaschine an, weil es billiger war, „Handarbeiter und Tagelöhner" als „Raddreher" oder „Maschinendreher" einzustellen, die die schweren Schwungräder der Maschinen in Gang hielten. 1830 wurde Leipzigs erste „Fabrique" gegründet, die Kammgarnspinnerei F. Hartmann. Handwerksmeister, bisher die Garanten für Güte und Ordnung in den Zünften, sahen ebenso fassungs- wie tatenlos zu, als Manufakturen und Fabriken sie um Lohn und Brot und Ehre brachten. Die Welt war aus den Fugen! Selbst Meisterstöchter wurden an „Handarbeiter" verheiratet!

Ein Polterabendzwischenfall am 2. September 1830 war denn auch der Funke, der die angestaute Wut und Ohnmacht explodieren ließ. Ein Schmiedelehrling macht sich auf den Heimweg vom fröhlichen Fest. Zwei Polizisten streifen umher. Unsichere Menschen sind schnell provoziert. Zu ihrer Angst haben die Polizisten noch ihre Macht, sie prügeln auf den Lehrling ein. Da stürzt sich die ganze Polterabendgesellschaft von Lehrlingen und Gesellen solidarisch in den Kampf, um dem Genossen beizustehen. Die Polizisten weichen der Übermacht und werden bis ins Polizeiamt getrieben. Die Leute fordern Unerhörtes: Die Macht soll sich beim Volke entschuldigen! Polizeipräsident ist der Rittergutsbesitzer auf Großpösna, Karl Heinrich Constantin von Ende, und er wohnt in der Klostergasse. Das wissen die Leipziger genau, weil es gut ist zu wissen, worum man einen Bogen schlagen muß. Aber an diesem Abend, den kleinen Sieg im Herzen, zieht die Gesellschaft vor des Verhaßten Haus, um weiter „Polterabend" zu feiern. Steine zerscherben Scheiben und Türen, und inzwischen sind viele neue Gäste dazugekommen. Anderntags tragen auffallend viele Leipziger blau-weiß-rote Tücher oder Bänder an ihrer Kleidung, ein Blumengruß vom heißen Juni aus Paris. Ausgehverbot ab 9.00 Uhr abends wird erlassen, aber das Volk, „der große Lümmel", läßt sich nicht ins Bett schicken. Die Massen sind unterwegs. Am folgenden Abend schlägt das Volk zu; es rechnet ab mit den ärgsten Peinigern: die Wohnungen des Polizeiamtsregistrators, eines Zensors und eines Bankiers werden demoliert. Aber auch die Symbole der alten Macht und der neuen Mächtigen werden angegriffen: Die Torwächterhäuser werden zertrümmert und die Bordelle, Orte der demütigendsten Ausbeutung. Aber auch die neuen Maschinen, die vermeintlichen Arbeiterfeinde, sollen besiegt werden. In der Pfaffendorfer Kammgarnspinnerei richtet sich der Zorn gegen die erste, noch im Bau befindliche, Dampfmaschine; bei Brockhaus, in der Querstraße, gegen die „Geschwindpresse". In beiden Fällen wird der Leipziger Maschinensturm verhindert, die aufgebrachte Menge läßt sich überzeugen, daß ihr Tun viele Arbeitsplätze vernichten und letztlich ihren Kollegen schaden würde. Der Schneidergeselle Wilhelm Weitling war nicht nur Augenzeuge der Leipziger Ereignisse, er war auch „Mittäter", und mehr noch: ihr Chronist.

Das Volk war in einer Nacht Meister in der Stadt... Das Volk wogte hin und her in den Straßen, ohne zu wissen, was es wollte, aber jedem folgend, der ihm kühn zurief: „Hierher, mir nach!" Es suchte Führer, um einen großen Schlag ausführen zu können. Allein in der Nacht fand sich niemand, der dazu Kopf und Herz gehabt hätte.

Aber schnell fanden sich jene ein, die auf dem revolutionären Feuer ihr Süppchen kochen konnten: Kapital und Commerz, die „bürgerliche Oberschicht". Die Ohnmacht des feudalen, absolutistischen Magistrats war offenkundig, es kam jetzt darauf an, die Macht nicht in des Volkes Hände fallen zu lassen. Am 5. September 1830, einem Sonntag, mittags 1 Uhr, wurde die „Kommunalgarde" gegründet; rekrutiert vor allem aus Mitgliedern der Schützengilde, ausgerüstet mit Waffen aus dem Arsenal eines Leipziger Waffenhändlers und aus dem Fundus des Stadttheaters, angeführt durch „prominente Mitglieder der Oberschicht": Bankier Kammerrat Frege, Senator Baurat Limburger, Druckereibesitzer Friedrich Brockhaus. Dessen Bruder Heinrich schreibt abends in sein Tagebuch: „Kommunalgarden sind ganz zweckmäßig in Zeiten der Gefahr, um den Pöbel in Ordnung zu halten." Jenen „Pöbel", der mit seinen Fäusten zum ersten Mal ernsthaft und spürbar an der

Die Regale wurden mitgeliefert

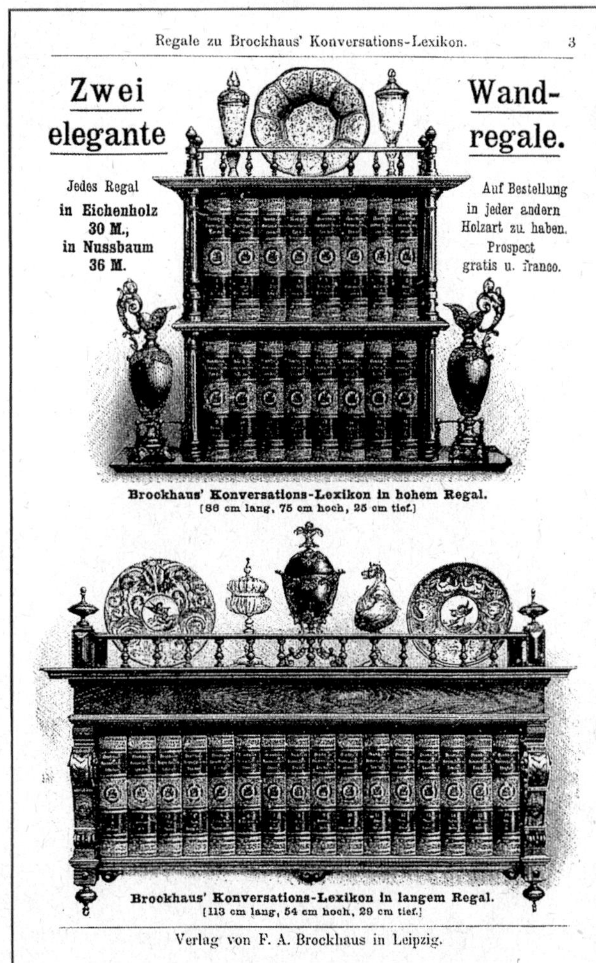

Im Café Français

alten Macht gerüttelt hatte. Zehn Tage später zieht sich der adlige Polizeipräsident auf seine Güter zurück, am 30. Oktober 1830 tritt in Leipzig die erste Stadtverordnetenversammlung Sachsens zusammen, und im April 1831, nach dem offiziellen Rücktritt des feudalistischen Magistrats, sitzt die bürgerliche Oberschicht fest auf den städtischen Stühlen.

Doch der „Pöbel" wird noch von sich reden machen! Nicht einmal vor dem Angriff auf den „Tempel bürgerlicher Geselligkeit", das Kaffeehaus, schreckte er zurück. Im Mai 1849 stand die größte und festeste Barrikade Leipzigs ausgerechnet am Eingang der Grimmaischen Straße, vor dem „Café français".

Am 2. Kriegstag des Jahres 1914 waren es allerdings „Patrioten" ganz anderer Prägung, die eine Entfernung des feindsprachigen Namens verlangten. Als dieser Weltkrieg schon zwei Jahre lang Menschen und Material verschlang, daß den Lebenden kaum genug zum Leben blieb, ordnete das Leipziger Polizeiamt am 20. Juli 1916 an, der Pächter des „Kaffeehaus Felsche", wie es seit 1914 hieß, habe „Scheibengardinen zur Verhinderung des Anblicks der Leckerei verzehrenden Personen im Erdgeschoß anzubringen". So einfach ist es, glaubten die Mächtigen, Klassenwidersprüche zu verschleiern. 1923, als viele infolge der Inflation nichts mehr zu verlieren hatten, schlemmerten die Gewinner noch immer hinter den Gardinen. Am 4. Juli stürmten Arbeitslose in ihrem ohnmächtigen Hunger nach Gerechtigkeit das Kaffeehaus, zerschlugen die Scheiben und demolierten die Einrichtung. An dem zerschlagenen Porzellan ging nicht die angeschlagene Ordnung zu Bruch. Da mußte erst noch ganz anderes zerschlagen werden. Die Regierenden fanden es durchaus „in Ordnung", daß es Licht und Schatten, Hoch und Niedrig, Arm und Reich gäbe. Nun gut, für die Armen müsse man etwas tun, man erließ Armenordnungen, in Leipzig noch 1910. (Es ist nicht überliefert, daß es auch eine „Reichenordnung" gegeben hätte.) Als Ursachen für Armut wurden nur „häusliche oder persönliche Unfälle" aufgeführt; es lag also daran, daß jemand einfach „Pech" gehabt hatte, weshalb er dann arm war. Wer dann noch

für das Familienoberhaupt	5,— M
für die Frau	3,50 M
für ein 14jähriges,	
der Schulpflicht entwachsenes Kind	2,80 M
für ein noch die Volksschule	
besuchendes oder jüngeres Kind	2,— M
auf keinen Fall aber mehr als	16,— M

wöchentlich „Almosen" bekam, der konnte doch wirklich „von Glück sagen". Ins Kaffeehaus muß ja ein Armer nicht gehen, er *durfte* nicht einmal.

§ 64

Der mit Aufwand verbundene Besuch öffentlicher Vergnügungsorte und überhaupt die Verwendung der empfangenen öffentlichen Unterstützung zu entbehrlichen Genüssen und Ausgaben aller Art, gelten als Beweis nicht vorhandener Bedürftigkeit oder der Unwürdigkeit und ziehen nach dem Ermessen der Armenbehörde für immer oder für gewisse Zeit den Verlust der Unterstützung ganz oder zum Teil nach sich oder sind nach Befinden polizeilich zu bestrafen.

Und wovon lebten jene, denen „nicht vorhandene Bedürftigkeit" oder „Unwürdigkeit" nachgewiesen worden war? Wie ernährten sich „sog. verschämte Arme", die nicht vom „städtischen Armenamt" erfaßt waren? Für all jene hat Mutter Grimpe gesorgt, die Wirtin des „Thüringer Hofes". Von den in der Küche anfallenden Fleisch- und Gemüseresten, aber auch von den Überbleibseln der Gästeportionen bereitete sie eine Art „Ragoût gros", das sie unentgeltlich verteilte. Nach ihrem Tode am 19. Februar 1890 widmete ihr das „Leipziger Tageblatt" einen Nachruf:

Die Mutter Grimpe — warum sollen wir sie nicht so nennen? Wurde sie doch von der halben Stadt so genannt, und mit Recht. Denn eine Mutter war sie nicht bloß ihrem Hause und ihrer Familie, in deren Kreis sie — seit dem Tode ihres Mannes (1871) das Oberhaupt — die rührendste Liebe und Verehrung

Sachsen-Kaffee

genoß, sondern auch ihren Gästen, den Unzähligen, die je in den gemütlichen Räumen des Thüringer Hofes ein- und ausgegangen sind, und vor allem auch den zahlreichen Armen, die sie täglich in ihrem Hause speiste und denen sie wohl auch sonst im Stillen Gutes tat. Sie war eine volkstümliche Frau — in unsrer alles nivellierenden Zeit und mitten in der großen Stadt gewiß eine seltne Erscheinung.

. . .

Und wenn im harten Winter um die Mittagsstunde die Hungrigen sich zu ihrer Küche drängten, daß Hof und Flur sie oft nicht fassen konnten, daß sie oft bis hinaus auf die Straße standen und der durstige Student kaum zu seinem Schoppen gelangen konnte, und sie kam dann selbst, die Siebzigerin, und trug auf ihrem Brette, was sie tragen konnte an gefüllten Töpfen, Krügen und Kännchen — wenn das der Fremde sah, so fragte er wohl: Ist das Leipzig? schreiben wir 1890? Das ist ja ein Bild aus Hebels Schatzkästlein, ein Bild aus Ludwig Richters Holzschnitten! Das war es, worauf ihre Volkstümlichkeit beruhte, und was sie zur „Mutter Grimpe" machte. Ein lautredendes Zeugnis für die Liebe und Achtung, die sie in den weitesten Kreisen genoß, war die großartige Teilnahme von Hoch und Niedrig bei ihrem Begräbnis.

1890, im Todesjahr von Mutter Grimpe, feierten die Leipziger Arbeiter zum ersten Mal den 1. Mai als *ihren* Tag. Dieselben Zeitungsleute, die in ihrem Nachruf den schmerzenden Widerspruch zwischen „Hoch und Niedrig" doch erkannt hatten, warnen jetzt: „Die Einführung der Maifeier wäre ein verhängnisvoller Schritt zur Verwirklichung des sozialistischen Staates!" So war die Polizei in jenen Jahren stets bemüht, den Kampftag der Arbeiter lediglich als eine „Frühpartie" oder „Biertour" gelten zu lassen.

Falls ein Umzug überhaupt genehmigt wurde, sollte er eher ein Ausflug denn eine Demonstration sein. Was schon angesichts der demonstrativen Anwesenheit berittener Polizisten gar nicht so einfach gewesen wäre. Rote Fahnen wirkten auf die Berittenen wie das sprichwörtliche rote Tuch. Einmal, so wird erzählt, schaute am Morgen des 1. Mai in der Nikolaistraße ein Mann aus dem Fenster. Sein Kopf war, als ob er einen wärmebedürftigen Zahn hätte, mehrfach mit einem Tuch umwickelt. Die fast meterlangen Enden des schön roten Tuches flatterten in der blauen lauen Maienluft. Die Polizei sah es und war ratlos: Wärmekompressen gegen Zahnschmerz waren nicht ver-

Gutschein № 308305

im Werte von 50 Pfennig

wird beim Ankauf von Milch in Zahlung genommen.

Rat der Stadt Leipzig

Fürsorgeamt

Dieser Schein wird bis zum 30. März 1922 an der Hilfskasse des Fürsorgeamts (Stadthaus, Hauptgeschoß, Zimmer 799) wochentags in der Zeit von 8—12 Uhr vorm. eingelöst.

Der Schein darf nicht als Zahlungsmittel wieder ausgegeben werden.

Den Ersten Mai feierten die Leipziger Arbeiter im Brauereigarten in Stötteritz. Schon zu meines Vaters Lebzeiten nahmen wir jedes Jahr daran teil. — Am Eingang des Brauereigartens befand sich an diesem Tag das Mütterzelt. Es dauerte längere Zeit, bis ich begriff, was es damit auf sich hatte. Die Arbeiter kamen mit ihren Familien, einschließlich der Säuglinge, die zur gewohnten Stunde nach der mütterlichen Nahrung verlangten.

(ARTHUR HEIMBURGER, UM 1900)

Bruno Héroux: „Armenspeisung im Thüringer Hof"

boten; auch nicht, mit solchen aus dem Fenster zu sehen; Normvorschriften für Größe und Farbe der dabei zu verwendenden Tücher gab es ebenfalls nicht. Was tun? Meldung an den Polizeipräsidenten! Bis er herbeigeeilt war, hatten viele Leipziger an dem ergötzlichen Schauspiel teilgehabt, und manches Polizistengesicht stand, ob der spitzen Bemerkungen der Zuschauer, an Farbe der des Tuches um keine Nuance nach. Der Oberpolizist setzte, kraft seines Amtes, die Schließung des Fensters durch, und es ist zu vermuten, daß er den Tatort in dem Bewußtsein verlassen hat, die „Ordnung wiederhergestellt" zu haben.

Ein Schauspieler, noch dazu ein junger und unbekannter, und das war der Josef Kainz, als er 1876 nach Leipzig kam, mußte selbst auf „Ordnung" achten. Neben der großen Kunst mußte er auch die kleine Wäsche beherrschen, oder er mußte von seiner Gage noch eine Wäscherin honorieren. Am 27. Juni 1876 schrieb er den Eltern ins heimatliche Wien:

Gestern habe ich eine Wäscherin gefunden, die sehr gut waschen soll. Na, ich habe ihr einiges zur Probe mitgegeben. Alle Montag holt sie die Wäsche, Samstag bringt sie dieselbe wieder.

1 Hemd	*30 Pfennige*
Nachthemd	*15 Pfennige*
Unterhose	*15 Pfennige*
Weiße Hose	*50 Pfennige*
Sacktuch	*5 Pfennige*
Manschetten	*10 Pfennige*
Kragen	*6 Pfennige*
Strümpfe	*5 Pfennige*

Ein Pfennig ist $^1/_2$ Kreuzer. Für Leipzig, denke ich, ist's nicht zu teuer. Nun will ich erst sehen, wie sie wäscht.

. . .

Gestern habe ich, da ich genau weiß, was alles kostet, mir einen Überschlag für einen Monat gemacht. Hört:

Wohnung	*24 Mark*
Mittag	*42 Mark*
Wäsche	*12 Mark*
Frühstück	*12 Mark*
Nachtmahl	*42 Mark*
Summa	*132 Mark*

212 Mark bekomme ich alle Monat, so bleiben 80 Mark über. Na, ich denke, damit kann ich doch anständig leben.

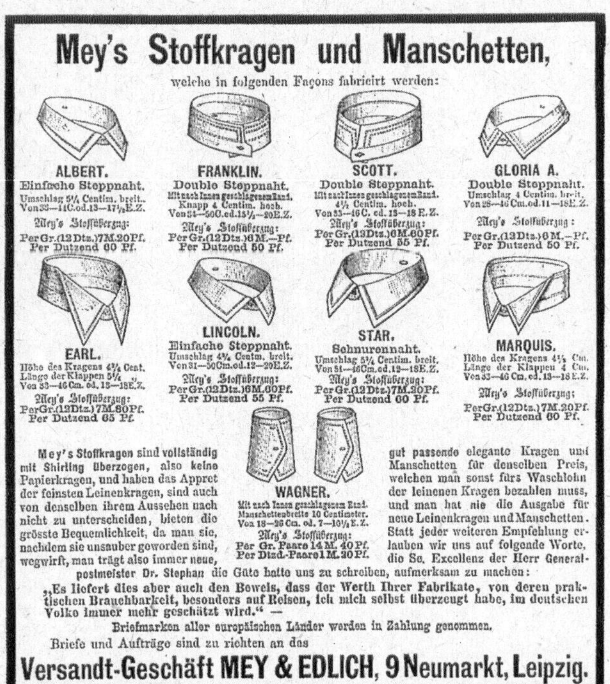

Zu eben dieser Zeit trat ein „Leipziger Kind" von Plagwitz aus seinen Siegeszug um die Welt an: Mey's Stoffkragen.

Für jeden gewaschenen Kragen mußte Kainz 6 Pfennige zahlen, für 4 oder 5 Pfennige hätte er einen neuen kaufen können, einen Wegwerfkragen, und hätte noch mindestens einen ganzen Pfennig gespart. Der Weg zum Reichtum ist mit Pfennigen gepflastert, es müssen nur genügend Wege sein! So ähnlich werden Mey & Edlich wohl gedacht haben, als ihnen die „Jahrhundertidee" kam. In der alten Messe- und Handelsstadt kreierten sie eine ganz neue Handelsform: das Versandhaus. Anhand mehrsprachig gedruckter Kataloge konnte man „all over the world"

Aus dem Zentrum der deutschen Arbeiterbewegung: Postkartengrüße zum Kampftag der Arbeiterklasse

Meys Stoffkragen und Manschetten bestellen. Daß sich die Idee rentiert hat, wird deutlich, wenn man erfährt, daß die Firma 1877 mit ca. 300 Arbeitern Leipzigs größter Produktionsbetrieb war.

Leider hat Kainz später nichts darüber geschrieben, ob er sich auf Meys Kragen umgestellt und wieviel er dabei gespart hat. Da es sich aber bestimmt nur um „kleinere Beträge" gehandelt hätte, könnte er diese dem „Leipziger Pfandleihhaus- und Sparcassen-Institut" anvertraut haben, das im Februar 1826 gegründet worden war, auch „um weniger Bemittelten Gelegenheit zu verschaffen, ihre Ersparnisse auch im Einzelnen sicher und nutzbar anzulegen und sich so ein kleines Capital zu irgend einer Unternehmung oder für künftige Nothfälle zu sammeln etc." Das Statut dieses Instituts sah anfangs vor, daß kein Konto „die Höhe von 300 Thlr. übersteigt", 1859 hatte man sich auf 500 Taler geeinigt. Die Bilanz vom 31. Dezember 1875 weist 106 197 verausgabte Sparbücher aus.

Die „soziale Schichtung" der Sparer sah so aus:

Männliche

3 131	Dienstboten als: Diener, Kutscher, Kellner, Knechte, Hausknechte, darunter Hausmänner und Markthelfer
2 972	Handarbeiter, darunter Fabrikarbeiter, Aufläder, Krankenwärter
5 256	Handwerksgesellen und Lehrlinge
1 370	Gewerbetreibende incl. Gast- und Schenkwirthe
1 010	Copisten, Expedienten und Beamte
408	Handlungsdiener, Schüler und Lehrlinge
40	Kaufleute, Buchhändler und Apotheker
135	Künstler, darunter Schauspieler, Sänger und Musiker
103	Studenten und Conservatoristen
155	Gelehrte incl. Geistliche und Lehrer
5 007	Unmündige
258	Militairs
19 845	

Weibliche

9 436	Dienstboten, Wirthschafterinnen
441	Handarbeiterinnen, darunter Fabrik- und Cigarrenarb.-, Aufwärter-, Wäscher, Krankenwärterinnen
2 569	Arbeiterinnen, als Blumen- und Haararbeiter-, Putzmacher-, Näher-, Stricker-, Plätterinnen
351	Wirthschafterinnen, Bonnen und Verkäuferinnen
59	Künstlerinnen, als Schauspieler- und Sängerinnen
126	Lehrerinnen, darunter Gouvernanten und Gesellschafterinnen
4 213	verehelichte Frauen
1 611	Wittwen und geschiedene Frauen
5 438	Unmündige
24 244	

Es mag uns heute rätselhaft erscheinen, wie sich „Handarbeiter" bei einem Jahresverdienst, Vollbeschäftigung vorausgesetzt, zwischen 100 und 160 Talern noch ein „kleines Capital" ersparen konnten. Zum Vergleich: Der Leipziger Bürgermeister bezog zur selben Zeit ein Jahresgehalt von 2 800 Talern.

Ein Schriftsetzer fragt seinen Prinzipal: „Denkt er vielleicht, daß der Arbeiter tagtäglich nur Brot und Kartoffeln zu essen brauche, während die Arbeitgeber im Überflusse schwelgen, dann hat er freilich Recht, dann kann der Arbeiter von zwei Talern wöchentlich leben — leben, das heißt, wie ein Vieh." Weil es für Drucker und Setzer schwierig war, sich so mit ihren „Oberen" mündlich zu unterhalten, hatten sie sich im August 1846 mit der Zeitschrift „Typographia" einen „Sprechsaal geschaffen", in dem *sie* zu Wort kommen konnten. Ihr Redakteur war der Schriftsetzer Skrobek aus der Offizin von

Traditioneller Gautschbrief für die Jünger der Schwarzen Kunst

Packt an! Laßt seinen Corpus posteriorum fallen auf diesen nassen Schwamm, bis triefen beide Ballen

Der durst'gen Seel gebt ein Sturzbad obendrauf: Das ist dem Sohne Gutenbergs die allerbeste Tauff.

Gautsch-Brief

Von Gutenbergs Gnaden thun wir Jünger Gutenbergs zu Leipzig

jedem unserer Kunstgenossen kund und zu wissen, daß der Jünger der wohledlen Buchdruckerkunst

Herr Erich Petri

nach altem Brauch und Herkommen unter Zuziehung der Gesellen untbenamster Offizin die Wassertauff ad posteriora erhalten hat und damit in sämtliche uns von dem Kaiser Friedrich III. verliehenen Rechte und Privilegien eingeführet ist. Kraft derselben gebieten wir allen unseren Kunstgenossen obenbenamsten Jünger Gutenbergs als ehrbaren Schwarzkünstler und rechtmäßigen Gesellen anzuerkennen.

Gegeben zu Leipzig

am 10. August

im Jahre des Heils 1930

Offizin Carl Marquart

zu Buch- u. Kunstdruckerei Leipzig

Gautschmeister: Karl Nietzer

1. Packer: H. Tillnett

2. Packer: O. Zeckey

Schwammhalter: Heinrich Hoppe

Zeugen: R. Körner

G. Weck

M. Ambrams

SIGILLUM

Gott grüß die Kunst

F. A. Brockhaus; sie erschien in Leipzig und Mittweida als „erstes selbständiges Publikationsorgan der elementaren Arbeiterbewegung in Deutschland". Es ist natürlich kein Zufall, daß gerade die Buchdrucker auf diesem Gebiet Pionierarbeit leisteten, waren sie doch auch nach ihrem Selbstverständnis jener „Stand, welcher das Glück hat, ... eine erhöhtere Bildung zu genießen und welcher vertraut mit der Presse" ist. Doch auch aus einem anderen Grunde wurde der revolutionäre Elan dieser Berufsgruppe besonders angespornt. Mit der industriellen Revolution war für sie ein erheblicher „sozialer Abstieg" verbunden: von Künstlern, den „Jüngern der Schwarzen *Kunst*", waren sie zu Fabrikarbeitern herabgesunken.

Daß unter den Sparern zwar Studenten, aber keine Studen*tinnen* ausgewiesen werden, liegt daran, daß erst im Jahre 1906 die erste Frau an der Leipziger Universität immatrikuliert wurde. Dabei waren die Studenten von jeher gar keine ausgesprochenen „Weiberfeinde", wie man schon der 300 Jahre alten Klage des Magisters Lauckhard entnehmen kann:

Die hiesigen Studenten machen Küchenmädchen, Aufwärterinnen und Bürgerdirnen den Hof und führen sich sogar mit Menschern aus Parduzlöchern, mit Etceteras* auf den Straßen und Promenaden herum. Das sind so Frauenzimmer, womit unsere Herren Umgang haben.

* So heißen die Huren bei den Leipziger Studenten.

Daß ein Manko an materiellen Schätzen durch Freigiebigkeit in erotischen Werten wettzumachen sei, muß den Vorstellungen des altehrwürdigen Magisters nicht entsprochen haben. Spätere Nachfolger auf dem Rektorenstuhl der „Alma Mater Lipsiensis" haben darüber wohl anders gedacht. Der populärste Universitätsrektor in jüngerer Zeit war unbestritten Prof. Dr. Georg Mayer, stets nur „Schorsch Mayer" genannt. Er liebte es, beim Bier im „Fuchsbau" oder im „Schwalbennest" Studenten mit folgender Frage zu schockieren: „Zu meiner Studentenzeit gab es bekanntlich drei Mayer: Sauf-, Rauf- und Huren-Mayer. Nun raten Sie mal, welcher von den dreien ich war!" Zumeist versuchten die Befragten sich höflich — immerhin ist er der Rektor! — aber geistreich — immerhin ist man Student! — aus der Affäre zu ziehen. „Schorsch Mayer" lachte dann ungeheuer und pflegte zu sagen: „Trösten Sie sich, meine Damen und Herren Kommilitoninnen und Kommilitonen, auch die Polizei hat niemals rausgekriegt, daß ich alle drei war!"

Seine ebenso wort- wie stimmgewaltigen Ansprachen wurden von den Studenten so aufmerksam und begeistert angehört, daß es einige gibt, die heute noch daraus zitieren können:

Das war Anfang der fünfziger Jahre und wir hatten FDJ-Delegiertenkonferenz an der Uni. Sie fand im Hörsaal des Kalininhauses statt. Dort führte zu dem Podium eine steile und hohe Treppe hinauf, und Professor Frings fand es wohl zu beschwerlich, diese zu erklimmen, trat also nur vor die Rampe und begründete das aber so: „Da ich die Einteilung der Universitätsangehörigen in Chargierte und Nichtchargierte an unserer Universität als überholt betrachte, bleibe ich gleich hier unten stehen." Der nächste Redner war Schorsch Mayer. Er sprang geradezu demonstrativ die Treppe hinauf und begann seinen Diskussionsbeitrag mit einer Improvisation: „Ich bin, wie Sie sich durch Augenschein überzeugen können, meine Damen und Herren Kommilitoninnen und Kommilitonen, nicht der Meinung meines hochverehrten und geschätzten Herrn Vorredners. Im Prinzip existiert die Einteilung in Privatdozenten, ordentliche Professoren und außerordentliche Professoren nämlich immer noch. Allerdings heißen die Privatdozenten nur noch Dozenten, die außerordentlichen Professoren bringen nichts Ordentliches mehr zustande und die ordentlichen Professoren nichts Außerordentliches!"

1909 feierte die Leipziger Universität ihr 500jähriges Bestehen. Aus diesem Anlaß wurden zu Ehrendoktoren ernannt: die Verleger Reinicke, Hirzel und Baedeker, Graf Zeppelin und Theodore Roosevelt.

Jubiläumssignet der Alma Mater Lipsiensis

Das Auditorium applaudierte Schorsch Mayer und war sofort aufgeschlossen für seine Ausführungen, in denen es schon damals um die Verbesserung und Intensivierung des Studienbetriebs ging.

Die solcherart motivierten Studenten, Dozenten und Professoren verhalfen ihrer alten Universität zu neuem Leben. Und zu einem neuen Namen: Karl-Marx-Universität. „Das Präsidium des Ministerrates verleiht diesen großen und stolzen Namen der Universität Leipzig, weil sie als eine der größten und bedeutendsten Universitäten in der DDR beispielgebend war bei der Einführung und Verstärkung des Arbeiter- und Bauernstudiums und der Durchsetzung der Wissenschaft des Marxismus-Leninismus und sich damit große Verdienste um die Demokratisierung des deutschen Hochschulwesens erworben hat." So ist es nachzulesen in der von Ministerpräsident Otto Grotewohl unterzeichneten Urkunde vom 5. Mai 1953. Ein neuer Name und ein neuer Geist — fehlte noch ein neuer Körper. Im Mai 1968 begannen die Arbeiten zur Errichtung des neuen Universitätskomplexes, am 6. Dezember 1968 war die 1,80 m dicke Fundamentplatte des Hochhauses aus 220 t Rundeisen und 2460 m^3 Beton fertiggestellt, der 123 m hohe „monolithische Gleitbau" wurde in 49 Tagen ausgeführt; am 31. August 1973 fand im Innenhof die Schlüsselübergabe statt. 1800 Arbeitsplätze für Wissenschaftler, 3500 Seminarplätze für den geistigen und 1250 Mensaplätze für den leiblichen Hunger der Studenten waren fertiggestellt. Natürlich war das ein Grund zum Feiern — Reden wurden gehalten, Orden angeheftet und Prämien verteilt. Aber wenn ein Bau fertiggestellt ist, muß auch der Baustaub aus der Kehle gespült werden. Daß Studenten und Bauarbeiter ihr Bier gemeinsam trinken, ist alte Leipziger Tradition. Doch einmal wäre ihnen das liebe Bier auch beinahe zum Verhängnis geworden.

Brau- und Zapfrechte waren in Leipzig seit jeher städtisches Privileg. Damit der Rat seine „gelbe Suppe" auch los wurde, war die Einfuhr fremden — besseren! — Bieres lange Zeit verboten. Wer Durst auf Bier hatte, mußte in den Burgkeller gehen und dort die dünne Ratsbrühe schlürfen. Die findigen Handwerker, vor allem Maurer und Zimmerer, hatten spitzgekriegt, daß die Universität, die außerhalb städtischer Gesetzlichkeit stand, ein eigenes, weit besseres Bier braute und in den Studentenbursen zapfte. Also saßen Studenten und Bauhandwerker zumeist einträchtig beim Bier zusammen. 1521 aber kam es zum Knall, an dem allerdings keine der beiden Seiten die Schuld trug. Schuld war der Rat, der immer öfter sein Bier gleich „auf dem kurzen Weg" in die Gosse schütten mußte. Auf Drängen des Rates ließ der Rektor die Bursen schließen. Die auf dem Trockenen sitzenden Studenten waren wütend auf die Handwerker und den Rat, die ihnen das Bier abgegraben hatten. Es kam zu Tumulten und Prügeleien, die Rathausscheiben gingen zu Bruch. Da drohten die Studenten, sie würden alle gemeinsam Leipzig verlassen. Was das für die Stadt bedeutet hätte, begriffen wohl alle, als erste aber die Handwerker, die daraufhin sofort die Stadttore verbarrikadierten und auf Wiederherstellung des innerstädtischen Bierfriedens pochten. Getreu der Devise „Je besser das Bier, desto sicherer der Frieden in der Stadt" entschloß sich der Rat, für alle Bürger ein würziges Starkbier brauen und im Burgkeller ausschenken zu lassen.

Nach der Wirkung zu urteilen, muß es sich bei dem Festtrunk im September 1973 auch um ein gutes Bier gehandelt haben. Zu gar nicht so vorgerückter Stunde war der sonst baustellenweit zu hörende Polier nicht mehr zu vernehmen. Endlich stöberten ihn Kollegen doch auf. Er saß, leise vor sich hin weinend, auf einer der Treppen, die unter seinen fachmännischen Händen gewachsen waren. „Was ist los? Bekommt dir das Bier nicht mehr?" fragten besorgt die Kollegen. Die von dicken Zigarren, kaltem Bier und dem rauhen Ton Hunderter von Baustellen gegerbte Stimme des Poliers klang fast silberhell, als er kopfschüttelnd seufzte:

„Ihr müßt doch nicht gleich das Schlimmste denken."

„Na, was ist es dann? War die Prämie zu schmal?"

„Wie kommt ihr denn darauf!"

„Na Mann, was haut dich denn sonst um?"

„Ach", klagte es aus der tiefsten Tiefe seines Fundaments, „ich muß an die armen Schweine denken, die das hier irgendwann mal wieder abreißen müssen!"

Da kam ein kleines Leuchten in die Augen der Männer, sie legten sich gegenseitig die Hände auf die Schultern und sie sagten:

„Nicht so bald!"

Der Polier aber erhob sich wie bei starkem Gegenwind, trat zu seinen Kollegen, hob die Flasche und sagte feierlich:

„Prost! Auf Leipzigs langes Leben!"

Kinderspiele in Grünau, Leipzigs größtem Neubaugebiet

Ab-Sichten

BÜCHER

Vorhergehende Seiten: Der große Lesesaal der Deutschen Bücherei; an der Druckform: Schriftsetzer im VEB Offizin Andersen Nexö

Buchstadt

Leipziger Wasserkunst

MS „Leipzig" im Hafen von Singapore

Im Hafen von Leipzig

DAV

Seestadt: Die Elsterstraße im Hochwasser 1954; Stadt-Bad für Teilnehmer des Turn- und Sportfestes 1977; das Bad in der Küche

Erster deutscher Fußballmeister wurde im Jahre 1903 der „Verein für Bewegungsspiele (VfB) Leipzig" durch einen 7 : 2-Sieg über den DFC Prag.

„Hexenkessel“ an der Friedrich-Ludwig-Jahn-Allee

Drei von Tausenden im Industriezentrum Leipzig: Arbeiter im Schwermaschinenbau und in der Textilindustrie

Folgende Seiten: Das „Bowlingzentrum“ – Eingangshalle zur Kegelbahn unter dem Wilhelm-Leuschner-Platz; der Thomaskirchhof im Überblick

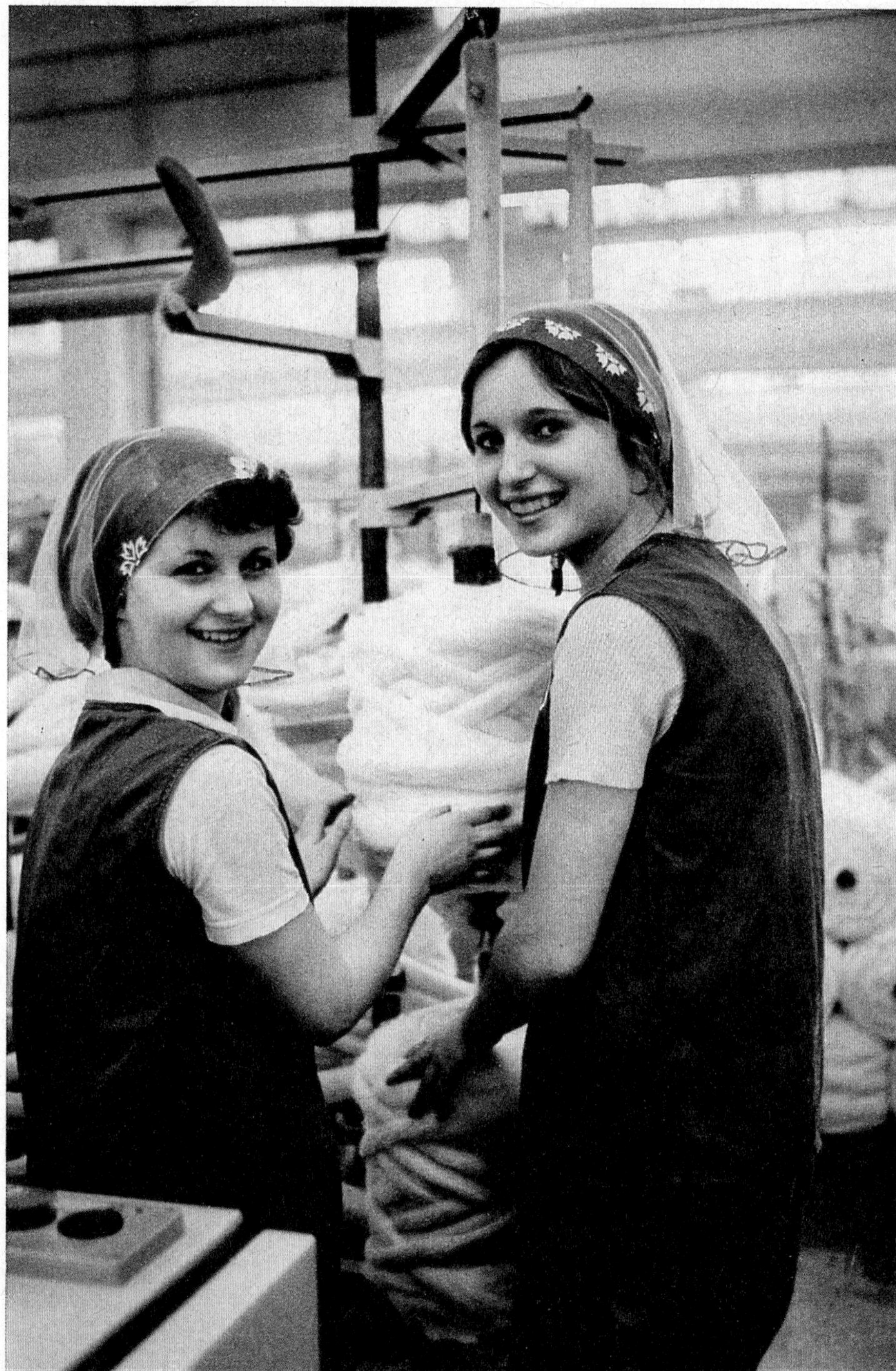

Reserviert